Impressum
Verlag: BABADADA GmbH, Nedderfeld 112 , 22529 Hamburg
Geschäftsführer / Verlagsleitung: Harald Hof
Druck: Books on Demand GmbH, In de Tarpen 42, 22848 Norderstedt

Imprint
Publisher: BABADADA GmbH, Nedderfeld 112 , 22529 Hamburg, Germany
Managing Director / Publishing direction: Harald Hof
Print: Books on Demand GmbH, In de Tarpen 42, 22848 Norderstedt

اسکول
σχολείο

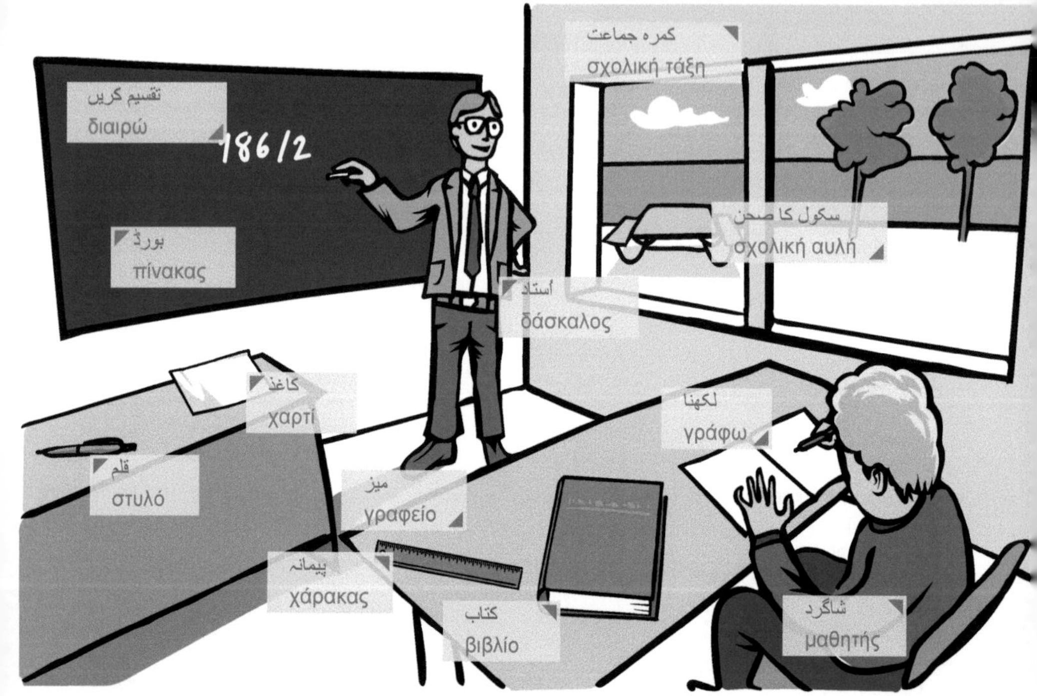

کمرہ جماعت
σχολική τάξη
تقسیم کریں
διαιρώ
186/2
بورڈ
πίνακας
سکول کا صحن
σχολική αυλή
اُستاد
δάσκαλος
کاغذ
χαρτί
لکھنا
γράφω
قلم
στυλό
میز
γραφείο
پیمانہ
χάρακας
کتاب
βιβλίο
شاگرد
μαθητής

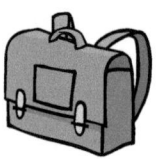

بستہ

σχολική τσάντα

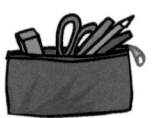

پینسل کیس

κασετίνα/ μολυβοθήκη

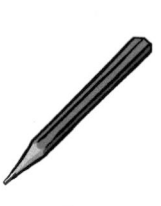

پینسل

μολύβι

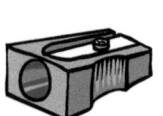

پینسل شارپنر

ξύστρα

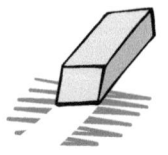

ربڑ

γόμα

ڈرائنگ پیڈ

μπλοκ ζωγραφικής

ڈرائنگ

ζωγραφική

پینٹ برش

πινέλο

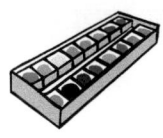

پینٹ باکس

κουτί χρωμάτων

قینچی

ψαλίδι

گوند

κόλλα

مشق کی کاپی

τετράδιο ασκήσεων

ہوم ورک

εργασία για το σπίτι

12

ہندسہ

αριθμός

2+2

جمع کریں

προσθέτω

5-2

منفی کریں

αφαιρώ

2×2

ضرب دیں

πολλαπλασιάζω

شمار کریں

υπολογίζω

A

خط

γράμμα

ABCDEFG HIJKLMN OPQRSTU VWXYZ

حروف تہجی

αλφάβητο

hello

لفظ

λέξη

متن
κείμενο

پڑھنا
διαβάζω

چاک
κιμωλία

سبق
μάθημα

اندراج
εγγράφομαι

امتحان
τεστ

سند
πιστοποιητικό

سکول یونیفارم
μαθητική στολή

تعلیم
εκπαίδευση

انسائیکلوپیڈیا
εγκυκλοπαίδεια

یونیورسٹی
πανεπιστήμιο

خورد بین
μικροσκόπιο

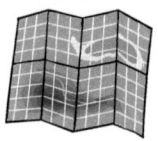

نقشہ
χάρτης

ویسٹ پیپر باسکٹ
καλάθι αχρήστων

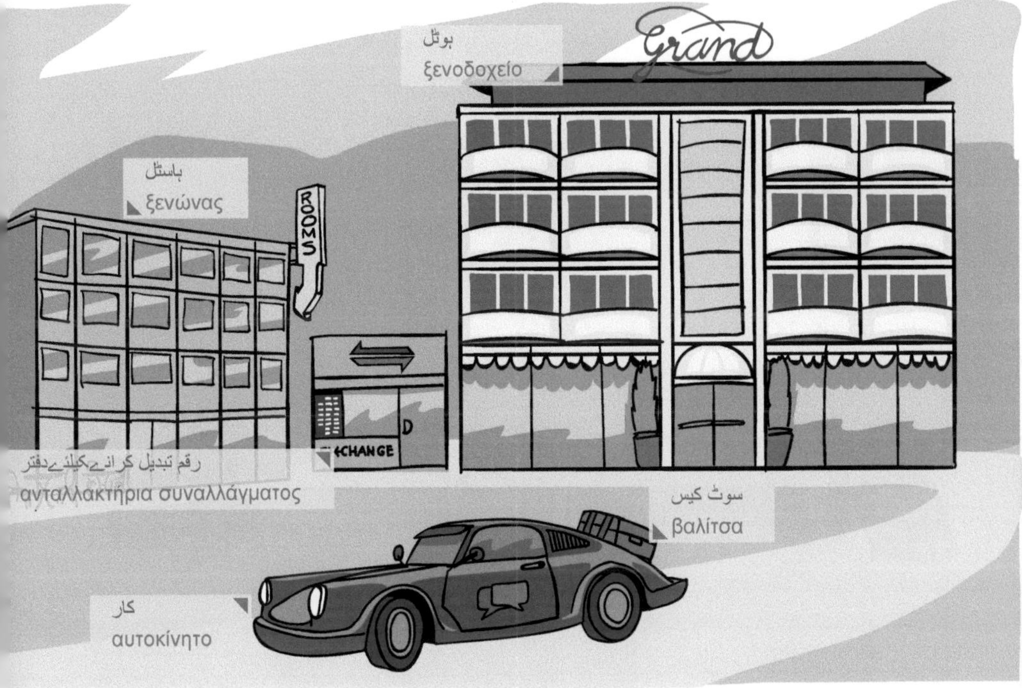

ہوٹل
ξενοδοχείο
Grand
ہاسٹل
ξενώνας
ROOMS
رقم تبدیل کرانے کیلئے دفتر
ανταλλακτήρια συναλλάγματος
EXCHANGE
سوٹ کیس
βαλίτσα
کار
αυτοκίνητο

زبان

γλώσσα

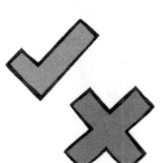

ہاں / نہیں

ναι / όχι

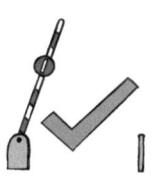

ٹھیک ہے

εντάξει

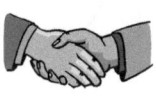

ہیلو

γεια σου

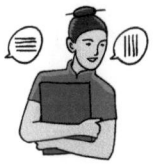

مُترجم

μεταφραστής

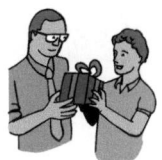

شُکریہ

Ευχαριστώ

‫کی کیا قیمت ہے؟ ....‬

πόσο κάνει ;

‫میں نہیں سمجھتا‬

Δε καταλαβαίνω

‫مشکل‬

πρόβλημα

‫شام بخیر!‬

Καλησπέρα!

‫صبح بخیر!‬

Καλημέρα!

‫شب بخیر!‬

Καληνύχτα!

‫الوداع‬

Αντίο

‫سمت‬

κατεύθυνση

‫سفری سامان‬

αποσκευές

‫بیگ‬

τσάντα

‫بیگ پیک‬

σακίδιο πλάτης

‫مہمان‬

καλεσμένος

‫کمرہ‬

δωμάτιο

‫سلینگ بیگ‬

υπνόσακος

‫ٹینٹ‬

σκηνή

سیاحوں کے لئے معلومات

τουριστικές πληροφορίες

ساحل

παραλία

کریڈٹ کارڈ

πιστωτική κάρτα

ناشتہ

πρωινό

لنچ

μεσημεριανό

ڈنر

δείπνο

ٹکٹ

εισιτήριο

لفٹ

ανελκυστήρας

مُہر

γραμματόσημο

سرحد

σύνορα

کسٹمز

τελωνείο

سفارت خانہ

πρεσβεία

ویزا

βίζα

پاسپورٹ

διαβατήριο

نقل وحمل

μεταφορά

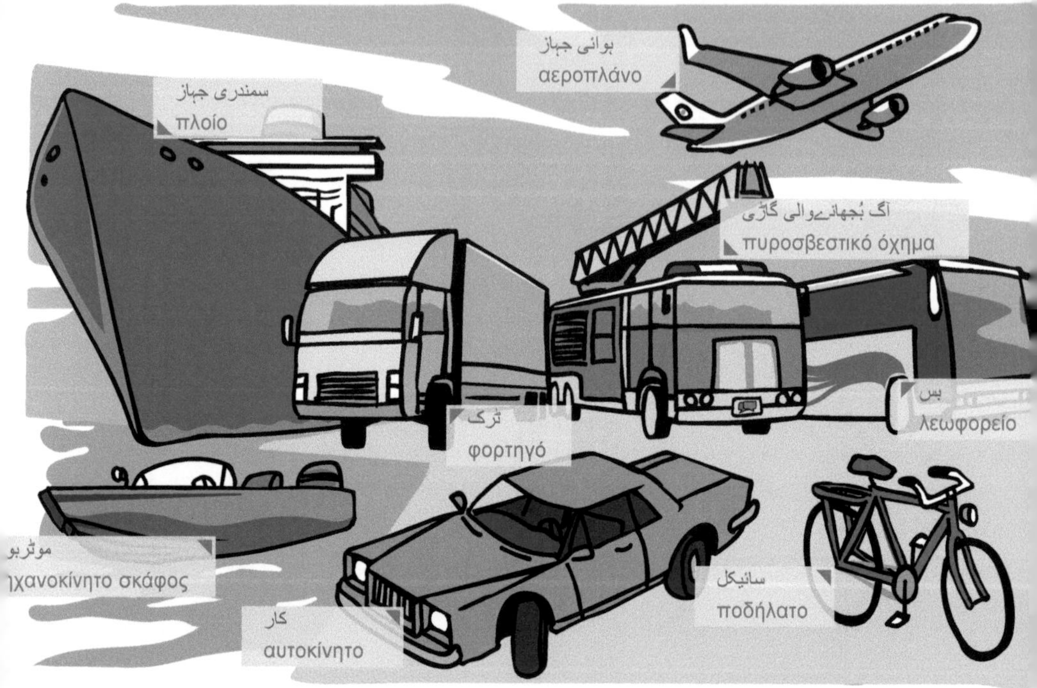

ہوائی جہاز
αεροπλάνο
سمندری جہاز
πλοίο
آگ بُجھانے والی گاڑی
πυροσβεστικό όχημα
ٹرک
φορτηγό
بس
λεωφορείο
موٹربو
χανοκίνητο σκάφος
کار
αυτοκίνητο
سائیکل
ποδήλατο

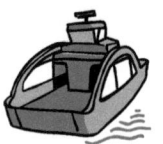

فیری
φεριμπότ

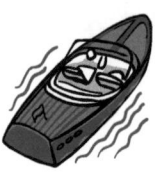

کشتی
βάρκα

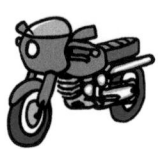

موٹرسائیکل
μοτοσικλέτα

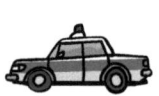

پولیس کار
περιπολικό

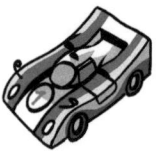

ریسنگ کار
αγωνιστικό αυτοκίνητο

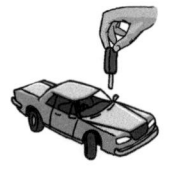

کرایہ پرکار
ενοικιαζόμενο αυτοκίνητο

كار كا اشتراک کرنا

ιαμοιρασμός αυτοκινήτων

کھینچنے والا ٹرک

γερανός

کوڑے والا ٹرک

απορριμματοφόρο

کار

κινητήρας

ایندھن

καύσιμο

پٹرول اسٹیشن

βενζινάδικο

ٹریفک کے نشانات

πινακίδα σήμανσης

ٹریفک

κυκλοφορία

ٹریفک جام

κυκλοφοριακή συμφόρηση

کارپارک

χώρος στάθμευσης

ٹرین اسٹیشن

σιδηροδρομικός σταθμός

پٹڑیاں

σιδηροδρομικές γραμμές

ٹرین

τρένο

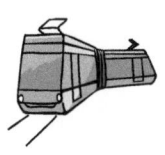

ٹرام

τραμ

ویگن

βαγόνι

بیلی کاپٹر

ελικόπτερο

ائرپورٹ

αεροδρόμιο

ٹاور

πύργος

مسافر

επιβάτης

کنٹینر

εμπορευματοκιβώτιο

ڈبہ

χαρτοκιβώτιο

ریڑھا

καρότσι

ٹوکری

καλάθι

اڑان بھرنا / زمین پر اترنا

απογειώνομαι /
προσγειόνομαι

شہر

πόλη

گاؤں

χωριό

سٹی سنٹر

κέντρο της πόλης

مکان

σπίτι

سنیما
σινεμά

اشتہار
διαφήμιση

اسٹریٹ لیمپ
λάμπα δρόμου

گلی
οδός

ٹیکسی
ταξί

اسنیک شاپ
ψιλικατζίδικο

پُختہ راستہ
πεζοδρόμιο

پیدل چلنے والا
πεζός

زیبرا کراسنگ
διάβαση πεζών

ٹریفک لائٹس
φανάρια

بِن
κάδος απορριμμάτων

پارکرنے کی جگہ
διασταύρωση

ہٹ
καλύβα

فلیٹ
διαμέρισμα

ٹرین اسٹیشن
σιδηροδρομικός σταθμός

ٹاؤن ہال
δημαρχείο

عجائب گھر
μουσείο

اسکول
σχολείο

یونیورسٹی

πανεπιστήμιο

بینک

τράπεζα

ہسپتال

νοσοκομείο

ہوٹل

ξενοδοχείο

فارمیسی

φαρμακείο

دفتر

γραφείο

کتابوں کی دکان

βιβλιοπωλείο

دکان

κατάστημα

پھولوں کی دکان

ανθοπωλείο

سُپرمارکیٹ

σούπερ μάρκετ

مارکیٹ

αγορά

ڈیپارٹمنٹ سٹور

πολυκατάστημα

مچھلی کی دکان

ιχθυοπωλείο

شاپنگ سنٹر

εμπορικό κέντρο

بندرگاہ

λιμάνι

پارک
πάρκο

بنچ
παγκάκι

پُل
γέφυρα

سیڑھیاں
σκάλες

انڈرگراؤنڈ
μετρό

سُرنگ
τούνελ

بس اسٹاپ
στάση λεωφορείου

شراب خانہ
μπαρ

ریسٹورنٹ
εστιατόριο

پوسٹ باکس
γραμματοκιβώτιο

اسٹریٹ سائن
πινακίδα δρόμου

پارکنگ میٹر
παρκόμετρο

چڑیا گھر
ζωολογικός κήπος

سونمنگ پول
πισίνα

مسجد
τζαμί

شہر - πόλη

کھیت

αγρόκτημα

آلودگی

ρύπανση

قبرستان

νεκροταφείο

چرچ

εκκλησία

کھیل کا میدان

παιδική χαρά

مندر

ναός

منظر

τοπίο

پتہ
φύλλο

رہنمائی کرنے لئے لگا ہوا بورڈ
πινακίδα κατεύθυνσης

راستہ
δρόμος

سبزہ زار
λιβάδι

پتھر
πέτρα

پیدل چلنے والا، بانگر
πεζοπόρος

دریا
ποτάμι

درخت
δέντρο

گھاس
χορτάρι

پھول
λουλούδι

وادی
κοιλάδα

پہاڑی
λόφος

جھیل
λίμνη

جنگل
δάσος

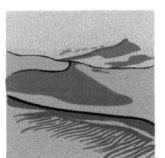

صحرا
έρημος

آتش فشاں
ηφαίστειο

قلعہ
κάστρο

قوس قزح
ουράνιο τόξο

کھمبی
μανιτάρι

کجھورکا درخت
φοίνικας

مچھر
κουνούπι

مکھی
μύγα

چیونٹی
μυρμήγκι

مکھی
μέλισσα

مکڑا
αράχνη

بھونرا
σκαθάρι

مینڈک
βάτραχος

گلہری
σκίουρος

خارپُشت
σκαντζόχοιρος

خرگوش
λαγός

اُلو
κουκουβάγια

پرندہ
πουλί

راج ہنس
κύκνος

سؤر
αγριογούρουνο

ہرن
ελάφι

امریکی بارہ سنگھا
άλκη

ڈیم
φράγμα

ہوا سے چلنے والی ٹربائین
ανεμογεννήτρια

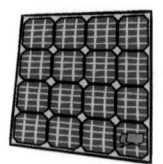

سولرپینل
ηλιακός συλλέκτης

آب وہوا
κλίμα

ریسٹورنٹ

εστιατόριο

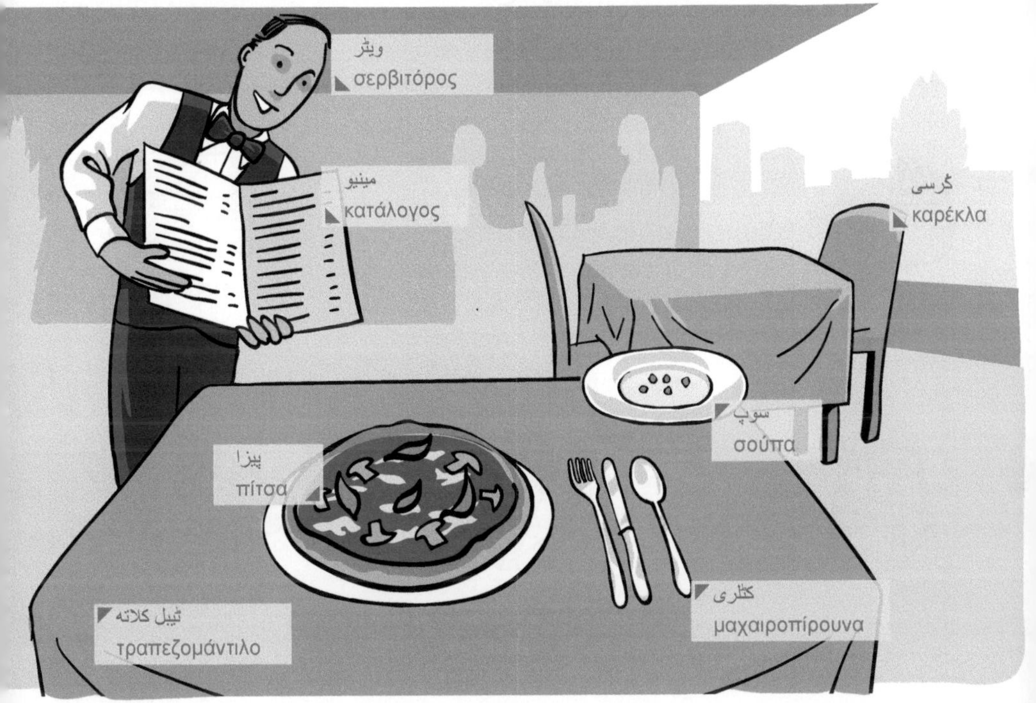

ویٹر
σερβιτόρος
مینیو
κατάλογος
کُرسی
καρέκλα
سوپ
σούπα
پیزا
πίτσα
ٹیبل کلاتھ
τραπεζομάντιλο
کٹلری
μαχαιροπίρουνα

اسٹارٹر

....

ορεκτικό

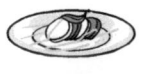

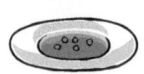

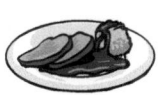

مین کورس

....

κύριο πιάτο

ڈیزرٹ

....

επιδόρπιο

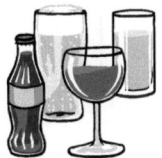

مشروبات

....

ποτά

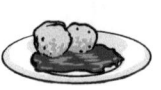

کھانےکی اشیاء

....

φαγητό

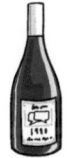

بوتل

....

μπουκάλι

فاسٹ فوڈ

φαστ φουντ

اسٹریٹ فوڈ

φαγητό στ' όρθιο

چائےدانی

τσαγιέρα

شوگرباکس

δοχείο ζάχαρης

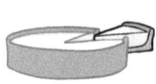

حصہ

μερίδα

ایسپریسو مشین

μηχανή εσπρέσο

اونچی کُرسی

ψηλή καρέκλα

بل

λογαριασμός

ٹرے

δίσκος

چھُری

μαχαίρι

کانٹا

πιρούνι

چمچ

κουτάλι

چائےکا چمچ

κουταλάκι του τσαγιού

سروینٹی

πετσέτα φαγητού

شیشہ

ποτήρι

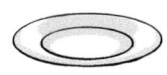

پلیٹ

πιάτο

سوپ پلیٹ

πιάτο σούπας

طشتری

πιατάκι φλιτζανιού

چٹنی

σάλτσα

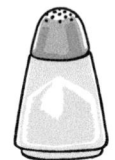

سالٹ شیکر

αλατιέρα

پیپرمل

μύλος για πιπέρι

سرکہ

ξύδι

خوردنی تیل

λάδι

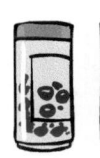

مصالحے

μπαχαρικά

کیچپ

κέτσαπ

سرسوں

μουστάρδα

مینُونیز

μαγιονέζα

سُپرمارکیٹ

σούπερ μάρκετ

خصوصی پیشکش
προσφορά
گاہک
πελάτης
ڈیری
γαλακτοκομικά προϊόντα
ٹرالی
καρότσι για ψώνια
پھل
φρούτα
FOR

BUTCHERS

گوشت کی دُکان

κρεοπωλείο

BAKERY

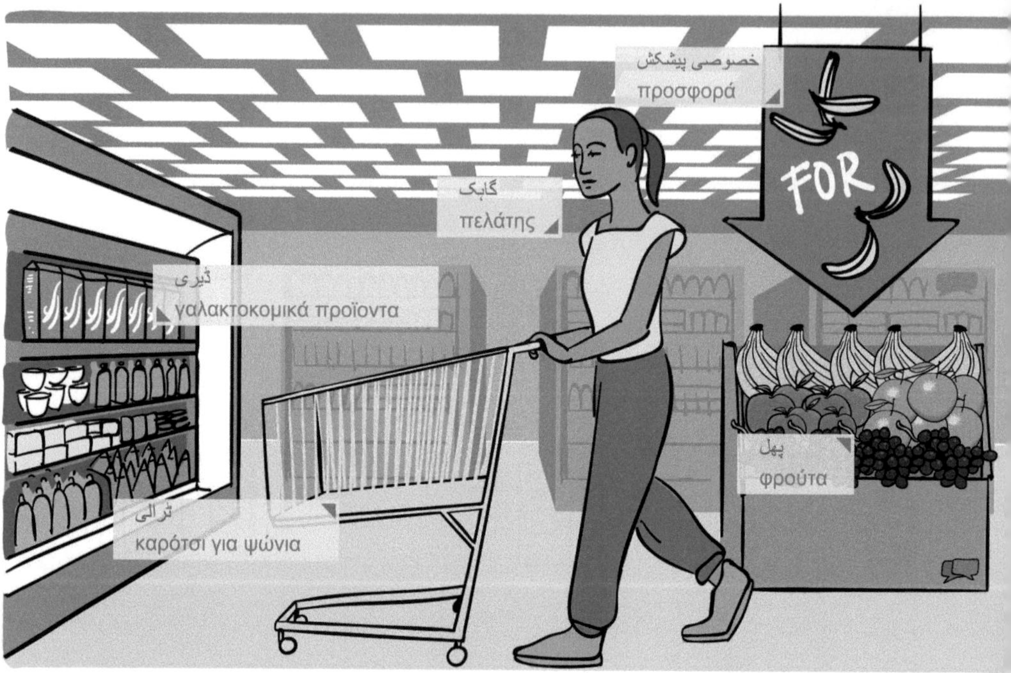

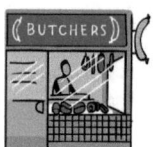

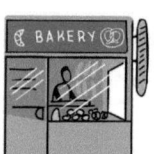

بیکری

φούρνος

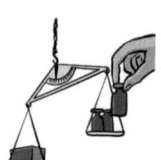

وزن کرنا

ζυγίζω

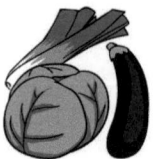

سبزیاں

λαχανικά

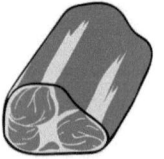

گوشت

κρέας

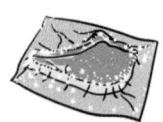

جما ہوا کھانا

κατεψυγμένα τρόφιμα

كولڈ كٹس

αλλαντικά

ڈبے میں بند كھانا

κονσερβοποιημένη τροφή

واشنگ پاؤڈر

απορρυπαντικό ρούχων

مٹھائیاں

γλυκά

گھریلو مصنوعات

οικιακά είδη

صاف كرنے كيلئے مصنوعات

καθαριστικά προϊόντα

سیلزپرسن

πωλήτρια

كيش رجسٹر

ταμείο

كيشنير

ταμίας

خریداری كی فہرست

λίστα για ψώνια

اوقاتِ كار

ωράριο λειτουργίας

بٹوہ

πορτοφόλι

كریڈٹ كارڈ

πιστωτική κάρτα

تھیلا

τσάντα

پلاسٹک كے تھیلے

πλαστική σακούλα

پانی

νερό

جوس، رس

χυμός

دودھ

γάλα

کوک

κόκα κόλα

وائن

κρασί

بیئر

μπίρα

الکوحل

αλκοόλ

کوکوآ

κακάο

چائے

τσάι

کافی

καφές

ایسپریسو

εσπρέσο

کیپاچینو

καπουτσίνο

کیلا

μπανάνα

سیب

μήλο

مالٹا

πορτοκάλι

خربوزه

πεπόνι

لیموں

λεμόνι

گاجر

καρότο

لہسن

σκόρδο

بانس

μπαμπού

پیاز

κρεμμύδι

کھُمبی

μανιτάρι

اخروٹ، بادام وغیره

ξηροί καρποί

نوڈلز

νουντλς

اسپیگیٹی

μακαρόνια

چاول

ρύζι

سلاد

σαλάτα

چپس

πατατάκια

تلے گئے آلو

τηγανητές πατάτες

پیزا

πίτσα

بیم برگر

χάμπουργκερ

سینڈوچ

σάντουιτς

کٹلیٹ

κοτολέτα

سؤرکی ران کا گوشت

ζαμπόν

گوشت کی اطالوی ساسیج

σαλάμι

ساسیج

λουκάνικο

مُرغی

κοτόπουλο

روسٹ

ψητό

مچھلی

ψάρι

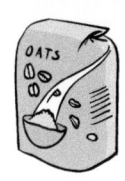

جئی کا دلیہ

χυλός βρώμης

میوزلی

μούσλι

کارن فلیکس

κορν φλέικς

آٹا

αλεύρι

کروئیسنٹ

κρουασάν

بریڈ رول

ψωμάκι

بریڈ

ψωμί

ٹوسٹ

τοστ

بسکٹ

μπισκότα

مکھن

βούτυρο

دہی

τυρόπηγμα

کیک

κέικ

انڈا

αυγό

فرائی کیا گیا انڈہ

τηγανητό αυγό

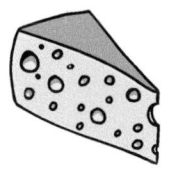

پنیر

τυρί

آئس کریم

παγωτό

چینی

ζάχαρη

شہد

μέλι

جام

μαρμελάδα

ناؤگٹ کریم

άλλειμμα σοκολάτας

سالن

κάρυ

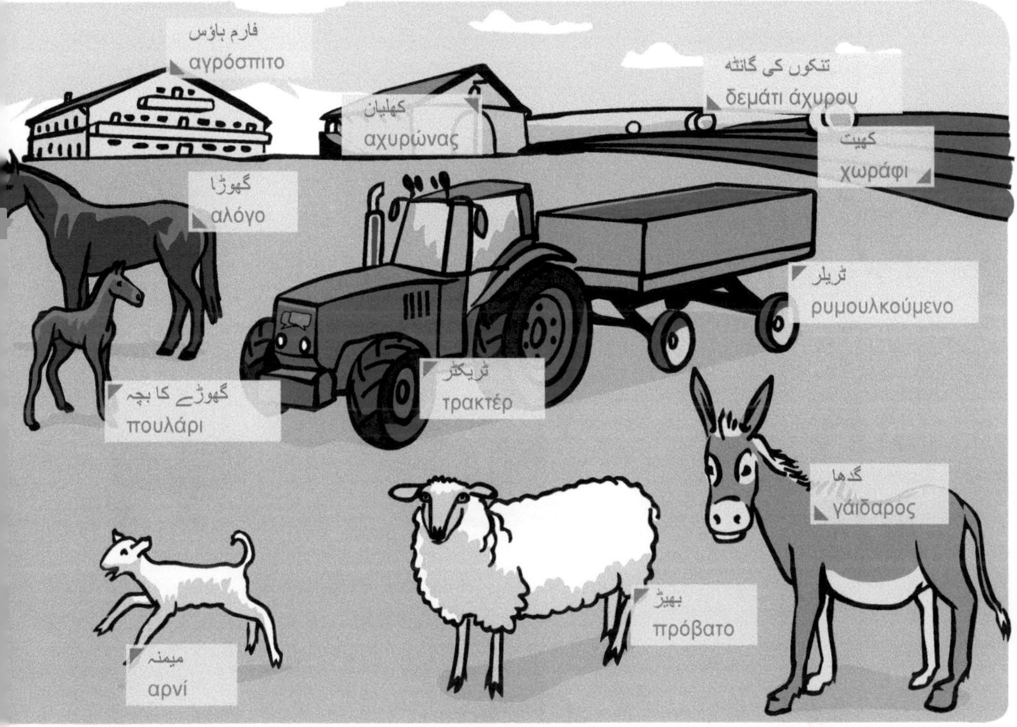

αγρόκτημα

فارم باؤس
αγρόσπιτο

تنکوں کی گانٹھ
δεμάτι άχυρου

کھلیان
αχυρώνας

کھیت
χωράφι

گھوڑا
άλογο

ٹریلر
ρυμουλκούμενο

گھوڑے کا بچہ
πουλάρι

ٹریکٹر
τρακτέρ

گدھا
γάιδαρος

بھیڑ
πρόβατο

میمنہ
αρνί

بکری
κατσίκα

گائے
αγελάδα

بچھڑا
μοσχαράκι

سؤر
γουρούνι

سؤرکابچہ
γουρουνάκι

سانڈ
ταύρος

سنر جاح

χήνα

خطب

πάπια

چوزه

κοτοπουλάκι

مُرغی

κότα

مُرغا

κόκορας

چوہا

αρουραίος

بلی

γάτα

چوہا

ποντίκι

بیلچہ

βόδι

گتا

σκύλος

گتے کا گھر

σπιτάκι σκύλου

گارڈن ہوز

λάστιχο κήπου

پانی کا کین

ποτιστήρι

درانتی

θεριστήρι

ہل

αλέτρι

درانتی

δρεπάνι

بیلچہ

τσάπα

ترنگل

δίκρανο

کلہاڑا

τσεκούρι

ہتھ گاڑی

χειράμαξα

حوض

ταΐστρα

دودھ کا کین

δοχείο γάλακτος

تھیلا

σάκος

باڑ

φράχτης

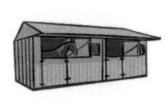

اصطبل

στάβλος

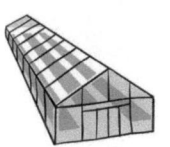

گرین ہاؤس

θερμοκήπιο

مٹی

έδαφος

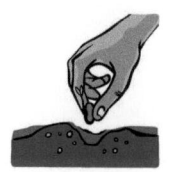

بیج

σπόρος

فرٹیلائزر

λίπασμα

کمبائن ہارویسٹر

θεριζοαλωνιστική μηχανή

فصل کاٹنا

θερίζω

فصل کاٹنا

συγκομιδή

افریقی آلو

γιαμς

گندم

σιτάρι

سویا

σόγια

آلو

πατάτα

مکئی

καλαμπόκι

توریا کا تیل

κράμβη

پھلدار درخت

οπωροφόρο δέντρο

کساوا

μανιόκα

دلیہ

δημητριακά

مکان

σπίτι

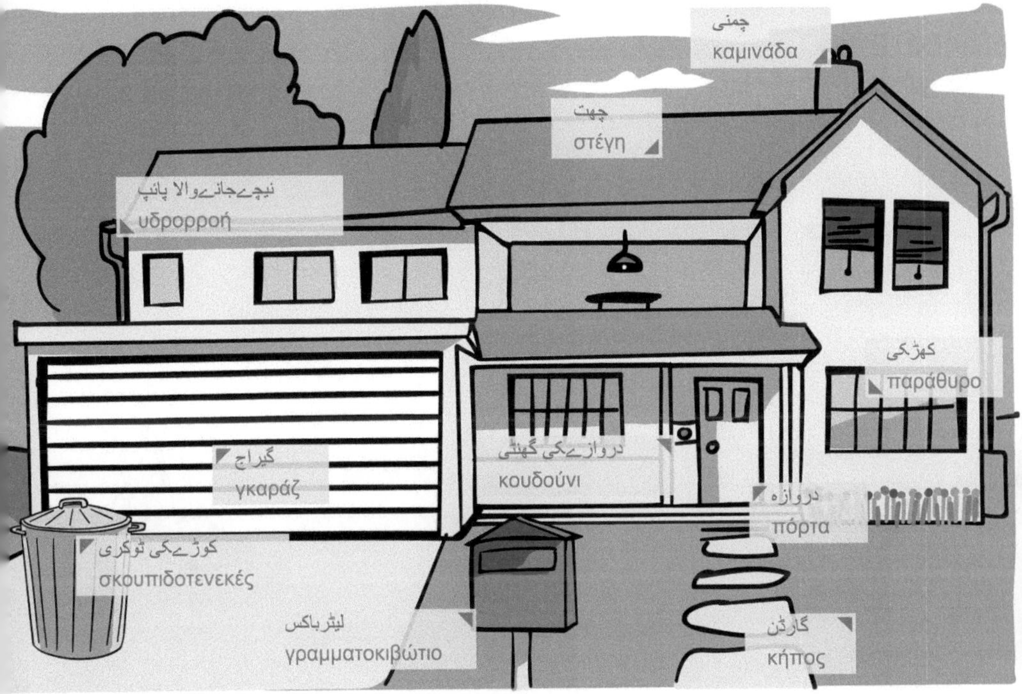

چمنی
καμινάδα
چھت
στέγη
نیچےجانےوالا پائپ
υδρορροή
کھڑکی
παράθυρο
گیراج
γκαράζ
دروازےکی گھنٹی
κουδούνι
دروازہ
πόρτα
کوڑےکی ٹوکری
σκουπιδοτενεκές
لیٹرباکس
γραμματοκιβώτιο
گارڈن
κήπος

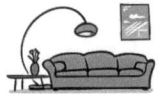

لوونگ روم

σαλόνι

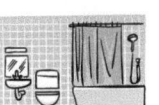

غُسل خانہ

μπάνιο

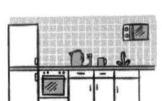

باورچی خانہ

κουζίνα

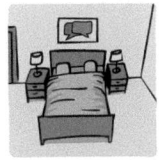

بیڈروم

υπνοδωμάτιο

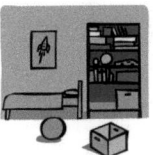

بچوں کا کمرہ

παιδικό δωμάτιο

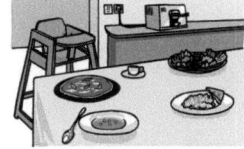

کھانےکا کمرہ

τραπεζαρία

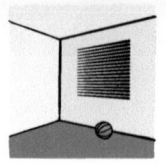

فرش

πάτωμα

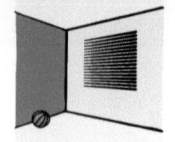

دیوار

τοίχος

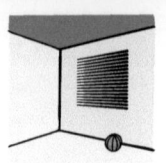

چھت

οροφή

تہ خانہ

κελάρι

سوانا

σάουνα

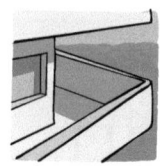

بالکونی

μπαλκόνι

ٹیریس

βεράντα

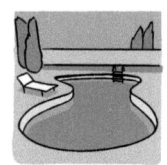

پول

πισίνα

گھاس کاٹنے کی مشین

μηχανή του γκαζόν

چادر

σεντόνι

چادر

κάλυμμα κρεβατιού

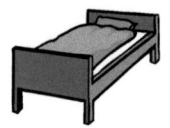

بستر

κρεβάτι

جھاڑو

σκούπα

بالٹی

κουβάς

سونچ

διακόπτης

لوونگ روم
σαλόνι

وال پیپر
ταπετσαρία
تصویر
φωτογραφία
لیمپ
λάμπα
شیلف
ράφι
الماری
ντουλάπι
ٹیلی ویژن
τηλεόραση
آتش دان
τζάκι
پھول
λουλούδι
کُشن
μαξιλάρι
صوفہ
καναπές
گلدان
βάζο
ریموٹ کنٹرول
τηλεκοντρόλ

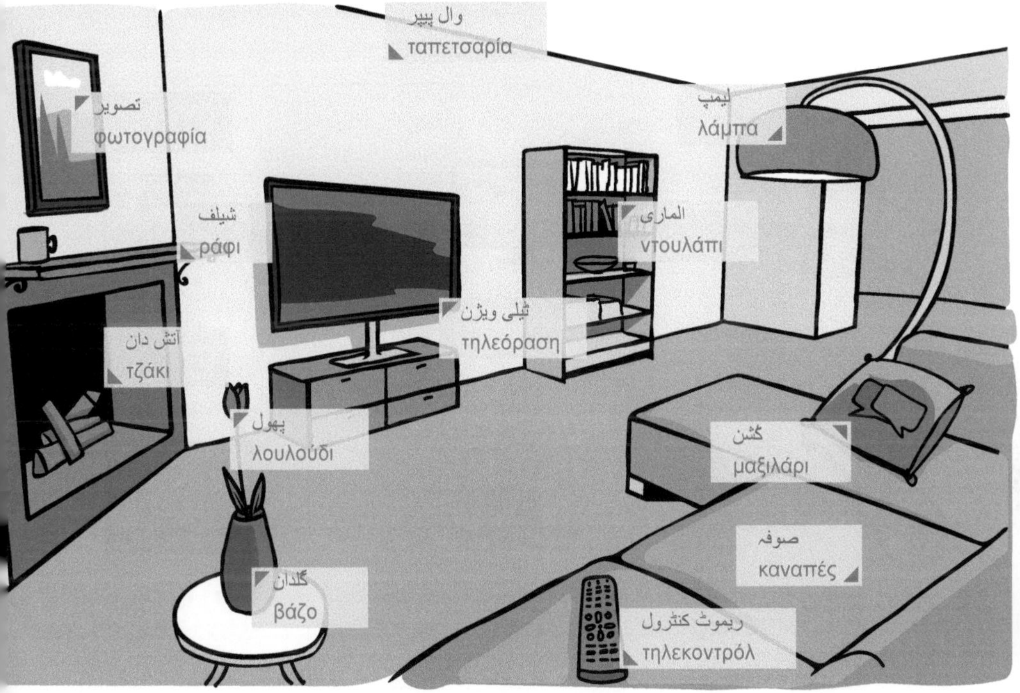

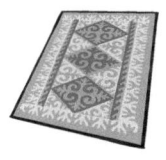

قالین

χαλί

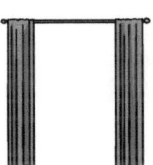

پردے

κουρτίνα

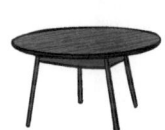

میز

τραπέζι

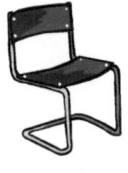

کُرسی

καρέκλα

ہلنے والی کُرسی

κουνιστή πολυθρόνα

آرام کُرسی

πολυθρόνα

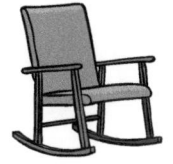

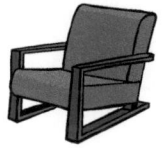

کتاب

βιβλίο

کمبل

κουβέρτα

آرائش

διακόσμηση

جلانے کی لکڑی

καυσόξυλα

فلم

ταινία

ہائی فائی

στερεοφωνικό σύστημα

چابی

κλειδί

اخبار

εφημερίδα

پینٹنگ

πίνακας ζωγραφικής

پوسٹر

αφίσα

ریڈیو

ραδιόφωνο

نوٹ بُک

σημειωματάριο

ویکیوم کلینر

ηλεκτρική σκούπα

کیکٹس

κάκτος

موم بتی

κερί

باورچی خانہ

κουζίνα

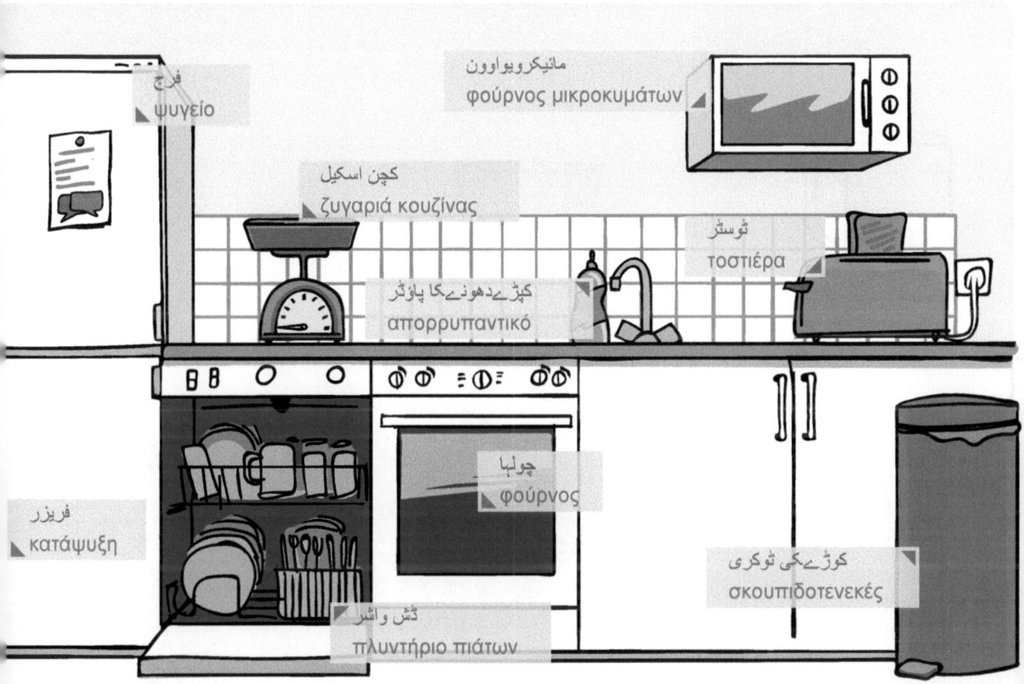

فرج
ψυγείο
مائیکروویواوون
φούρνος μικροκυμάτων
کچن اسکیل
ζυγαριά κουζίνας
ٹوسٹر
τοστιέρα
کپڑےدھونےکا پاؤڈر
απορρυπαντικό
چولہا
φούρνος
فریزر
καταψυξη
کوڑےکی ٹوکری
σκουπιδοτενεκές
ڈش واشر
πλυντήριο πιάτων

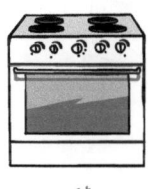

ڈکر

κουζίνα

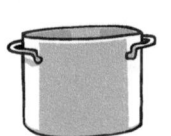

برتن

κατσαρόλα

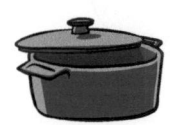

لوہےکا برتن

μαντεμένια κατσαρόλα

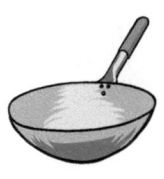

کڑاہی

γουόκ/καντάι

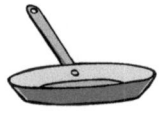

برتن

τηγάνι

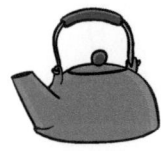

کیتلی

βραστήρας

اسٹیمر

ατμομάγειρας

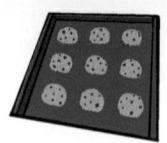

بیکنگ ٹرے

ταψί

کراکری

πιατικά

مگ

κούπα

پیالہ

μπολ

چاپ اسٹکس

ξυλάκια

ڈوئی

κουτάλα

کفچہ

σπάτουλα

جھاڑودینا

ανακατεύω

مقطر

σουρωτήρι

چھلنی

σουρωτηράκι

گریٹر

τρίφτης

کونڈی

γουδί

باربی کیو

ψησταριά

کھلی آگ

ανοιχτή φωτιά

چاپنگ بورڈ

σανίδα κοπής

بیلن

πλάστης

کارک اسکریو

ανοιχτήρι φελλών

کین

κονσέρβα

کین اوپنر

ανοιχτήρι κονσέρβας

برتن پکڑنےوالا کپڑا

γάντι φούρνου

سنک

νεροχύτης

برش

βούρτσα

اسپونج

σφουγγάρι

بلینڈر

μπλέντερ

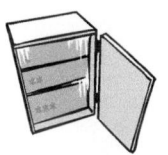

ڈیپ فریز

καταψύκτης

بچے کی بوتل

μπιμπερό

ٹونٹی

βρύση

غُسل خانہ

μπάνιο

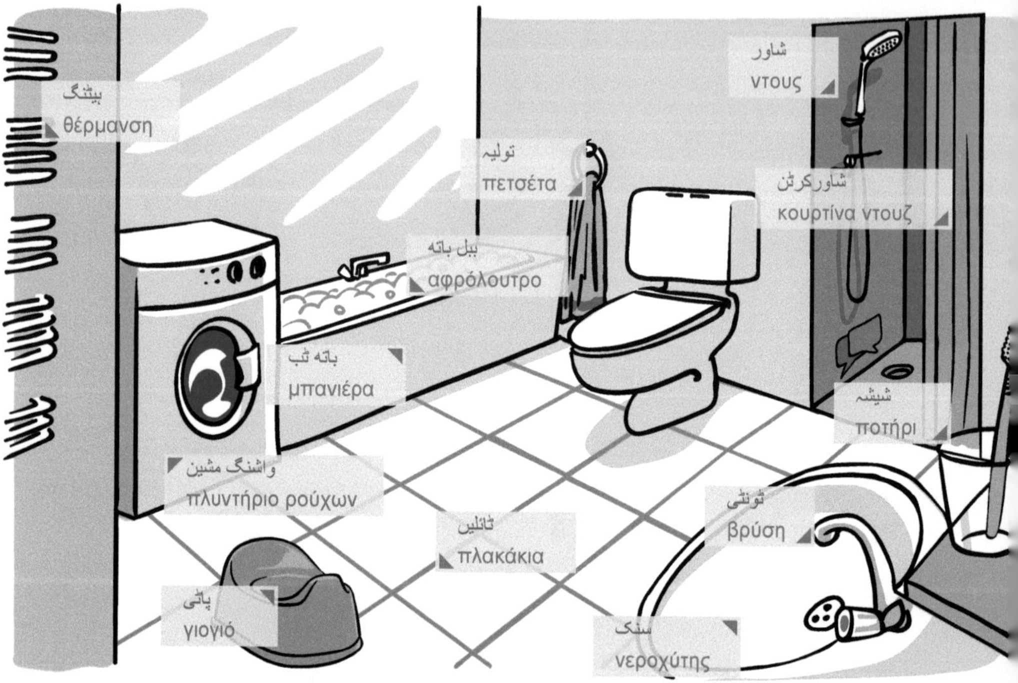

ہیٹنگ
θέρμανση
تولیہ
πετσέτα
ببل باتھ
αφρόλουτρο
شاور
ντους
شاورکرٹن
κουρτίνα ντουζ
باتھ ٹب
μπανιέρα
واشنگ مشین
πλυντήριο ρούχων
شیشہ
ποτήρι
ٹونٹی
βρύση
ٹائلیں
πλακάκια
پاٹی
γιογιό
سنک
νεροχύτης

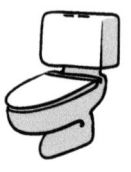

ٹائلٹ

τουαλέτα

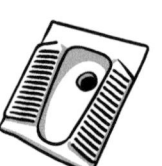

دوزانوں بیٹھنےوالی ٹائلٹ

τούρκικη τουαλέτα

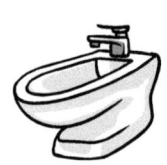

نچلاحصہ دھونےکیلئےپاٹ

μπιντές

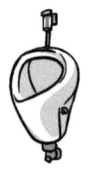

پیشاب گاہ

ουρητήριο

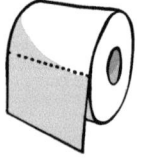

ٹائلٹ پیپر

χαρτί υγείας

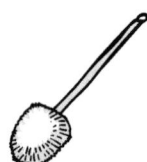

ٹائلٹ برش

πιγκάλ

تُوتهه برش

οδοντόβουρτσα

تُوته پیست

οδοντόκρεμα

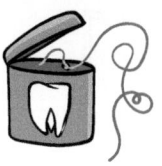

ڈینٹل فلاس

οδοντικό νήμα

دهونا

πλένω

بینڈ شاور

τηλέφωνο ντους

شاور

ντουσιέρα

بیسن

λεκάνη

بیک برش

βούρτσα πλάτης

صابن

σαπούνι

شاورجل

αφρόλουτρο

شیمپو

σαμπουάν

فلالین

φανέλα

ڈرین

σιφόνι

کریم

κρέμα

ڈیوڈورنٹ

αποσμητικό

آئینہ

καθρέφτης

ہاتھ میں پکڑا جانے والا آئینہ

καθρέφτης χειρός

ریزر

ξυραφάκι

شیونگ فوم

αφρός ξυρίσματος

آفٹر شیو

αφτερσέιβ

کنگھی

χτένα

برش

βούρτσα

ہینرڈرائر

σεσουάρ

ہینراسپرے

λακ

میک اپ

μακιγιάζ

لپ اسٹک

κραγιόν

نیل وارنش

βερνίκι νυχιών

رونی

βαμβάκι

ناخن کاٹنے کی قینچی

ψαλίδι νυχιών

پرفیوم

άρωμα

واش بیگ
νεσεσέρ

پاخانہ
σκαμπό

وزن کرنے کی مشین
ζυγαριά

باتھ روب
μπουρνούζι

ربڑ کے دستانے
ελαστικά γάντια

ٹیمپون
ταμπόν

سینیٹری ٹاول
πετσέτα υγιεινής

کیمیکل ٹائلٹ
χημική τουαλέτα

بچوں کا کمرہ

παιδικό δωμάτιο

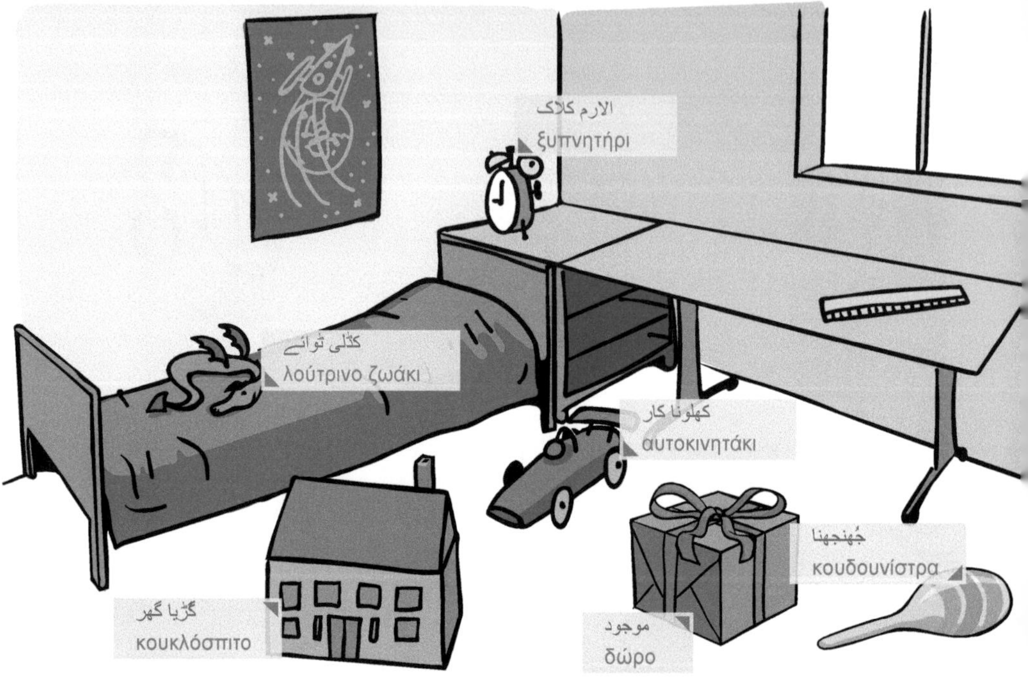
الارم کلاک
ξυπνητήρι
کڈلی ٹوائے
λούτρινο ζωάκι
کھلونا کار
αυτοκινητάκι
جُھنجھنا
κουδουνίστρα
گڑیا گھر
κουκλόσπιτο
موجود
δώρο

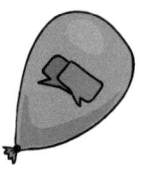

غبارہ

μπαλόνι

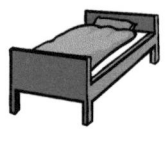

بستر

κρεβάτι

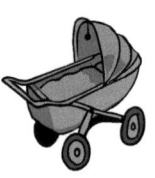

پرام

καροτσάκι

ڈیک آف کارڈز

τράπουλα

جگسا

παζλ

SUPER
MEGA

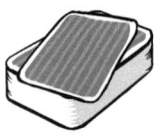

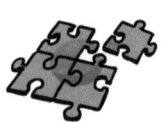

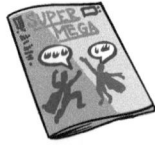

کامک

κόμικς

ليگوبرکس

τουβλάκια lego

کھلونا بلاکس

τουβλάκια κατασκευών

ایکشن فگر

φιγούρα δράσης

بچےکا لباس

βρεφικό φορμάκι

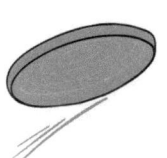

فرسبی

φρίσμπι

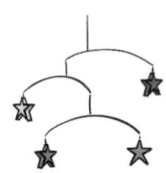

کھلونا موبائل

μόμπιλο

بورڈ گیم

επιτραπέζιο παιχνίδι

ڈائس

ζάρια

ماڈل ٹرین سیٹ

σετ τρενάκι

ڈمی

πιπίλα

پارٹی

πάρτι

تصاویروالی کتاب

εικονογραφημένο βιβλίο

گیند

μπάλα

گڑیا

κούκλα

کھیلنا

παίζω

سینڈ پٹ

σκάμμα με άμμο

جھولا جھولنا

κούνια

کھلونے

παιχνίδια

وڈیوگیم کنسول

κονσόλα βιντεοπαιχνιδιών

تین پہیوں والی سائیکل

τρίκυκλο

ٹیڈی بیئر

αρκουδάκι

کپڑوں کی الماری

ντουλάπα

موزے

κάλτσες

اسٹاکنگز

καλτσοδέτες

ٹائٹس

καλσόν

اسکارف
κασκόλ

چھتری
ομπρέλα

تی شرٹ
μπλουζάκι

بیلٹ
ζώνη

بوٹ
μπότες

سلیپر
παντόφλες

اسنیکرز
αθλητικά παπούτσια

سینڈل
σανδάλια

جوتے
παπούτσια

ربڑکےبوٹس
γαλότσες

زیرجامہ
εσώρουχο

بریزئیر
σουτιέν

واسکٹ
φανέλα

جسم

σώμα

پتلون

παντελόνι

جینز

τζιν παντελόνι

اسکرٹ

φούστα

بلاؤز

μπλούζα

قمیض

πουκάμισο

پُل اوور

πουλόβερ

سویٹر

πουλόβερ

بلیزر

σακάκι

جیکٹ

μπουφάν

کوٹ

παλτό

رین کوٹ

αδιάβροχο πανωφόρι

کوئی خاص لباس

κοστούμι

لباس

φόρεμα

شادی کا لباس

νυφικό

سوٹ

κοστούμι

نائٹ گاؤن

νυχτικό

پائجامہ

πιτζάμες

ساڑھی

σάρι

سر پر لیا جانے والا اسکارف

μαντήλι

پگڑی

τουρμπάνι

بُرقع

μπούρκα

کفتان

καφτάνι

عبایہ

μουσουλμανικό ένδυμα

تیراکی کا سوٹ

ολόσωμο μαγιό

ٹرنک

ανδρικό μαγιό

نیکر

σορτς

ٹریک سوٹ

αθλητική φόρμα

اپرن

ποδιά

دستانے

γάντια

بٹن

κουμπί

عینک

γυαλιά

کنگن

βραχιόλι

ہار

περιδέραιο

انگوٹھی

δαχτυλίδι

کانوں کی بالیاں

σκουλαρίκι

ٹوپی

καπέλο

کوٹ ہینگر

κρεμάστρα

ہیٹ

καπέλο

ٹائی

γραβάτα

زپ

φερμουάρ

ہیلمٹ

κράνος

بریسز

τιράντες

سکول یونیفارم

μαθητική στολή

وردی

στολή

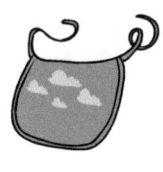

بب
....
σαλιάρα

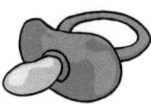

ڈمی
....
πιπίλα

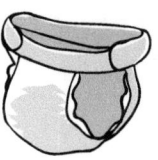

نیپی
....
πάνα

دفتر
γραφείο

سرور
σέρβερ
فائلوں کی الماری
αρχειοθήκη
پرنٹر
εκτυπωτής
کاغذ
χαρτί
مانیٹر
οθόνη
ماؤس
ποντίκι
میز
γραφείο
فولڈر
ντοσιέ
کی بورڈ
πληκτρολόγιο
ویسٹ پیپرباسکٹ
καλάθι αχρήστων
کمپیوٹر
υπολογιστής
کرسی
καρέκλα

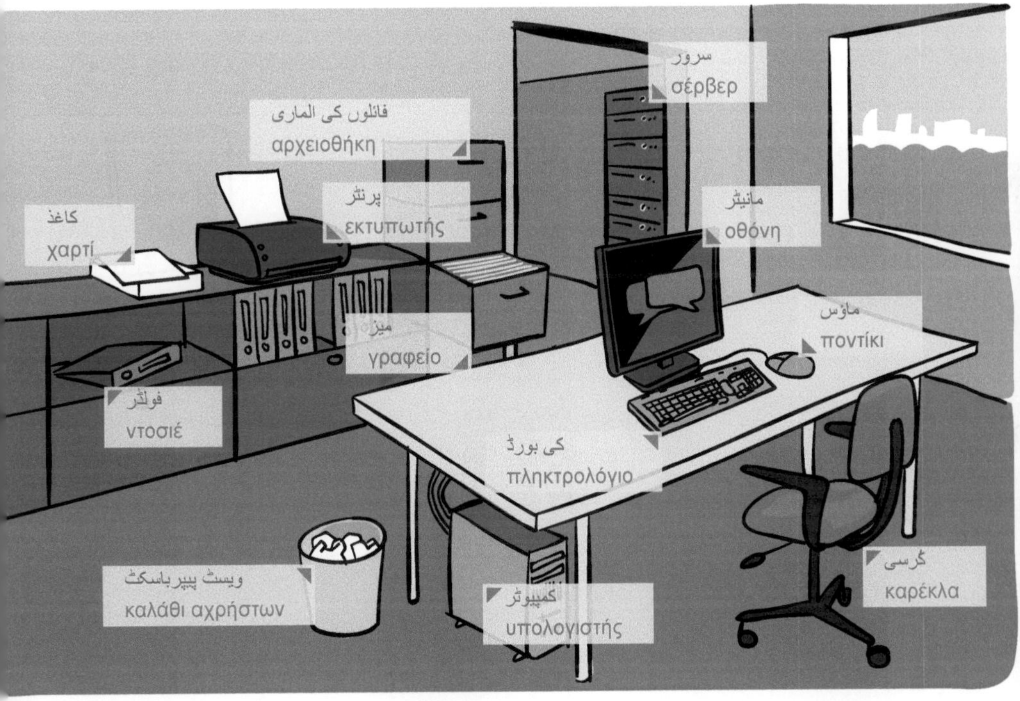

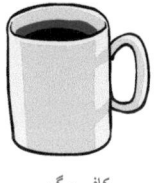

کافی مگ
....
κούπα του καφέ

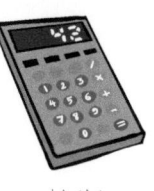

کیلکولیٹر
....
κομπιουτεράκι

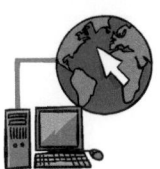

انٹرنیٹ
....
ίντερνετ

لیپ ٹاپ

λάπτοπ

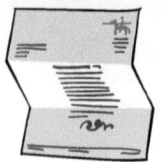

خط

γράμμα

پیغام

μήνυμα

موبائل

κινητό

نیٹ ورک

δίκτυο

فوٹوکاپینر

φωτοτυπικό μηχάνημα

سافٹ ویئر

λογισμικό

ٹیلی فون

τηλέφωνο

پلگ ساکٹ

πρίζα

فیکس مشین

συσκευή φαξ

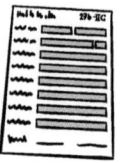

فارم

έντυπο

دستاویز

έγγραφο

خریدنا

αγοράζω

ادائیگی کرنا

πληρώνω

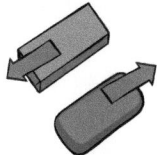

تجارت کرنا

συναλλάσσομαι

رقم

χρήματα

ڈالر

δολάριο

یورو

ευρώ

ین

γιεν

روبل

ρούβλι

سوئس فرانک

ελβετικό φράγκο

رینمینبی یوآن

ρενμίνμπι γιουάν

روپیہ

ρουπία

کیش پوائنٹ

ΑΤΜ (αυτόματη ταμειακή μηχανή)

رقم تبدیل کرانے کیلئے دفتر

ανταλλακτήρια
συναλλάγματος

سونا

χρυσός

چاندی

ασήμι

خام تیل

πετρέλαιο

توانائی

ενέργεια

قیمت

τιμή

معاہدہ

συμβόλαιο

ٹیکس

φόρος

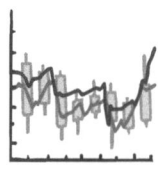

اسٹاک

μετοχή

کام کرنا

δουλεύω

ملازم

υπάλληλος

آجر

εργοδότης

فیکٹری

εργοστάσιο

دکان

κατάστημα

پیشے
επαγγέλματα

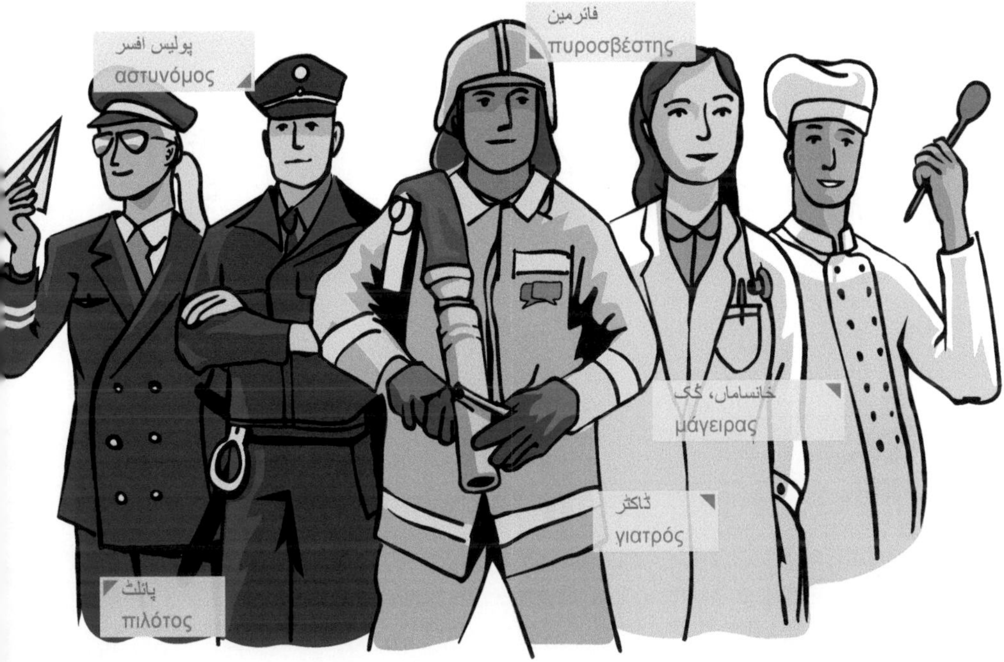

فائر مین
πυροσβέστης
پولیس افسر
αστυνόμος
خانساماں، کُک
μάγειρας
ڈاکٹر
γιατρός
پائلٹ
πιλότος

مالی
κηπουρός

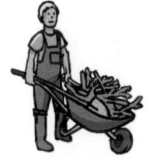

ترکھان
ξυλουργός

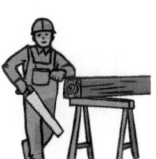

درزن
μοδίστρα

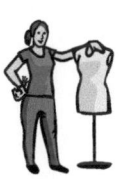

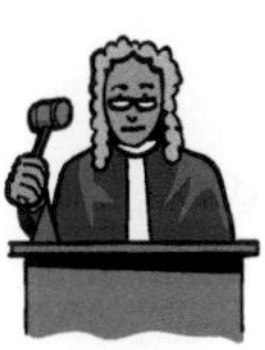

جج
δικαστής

کیمسٹ
χημικός

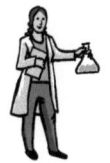

اداکار
ηθοποιός

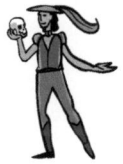

بس ڈرائیور

οδηγός λεωφορείου

ٹیکسی ڈرائیور

ταξιτζής

مچھیرا

ψαράς

صفائی کرنے والی عورت

καθαρίστρια

چھت بنانے والا

τεχνίτης στεγών

ویٹر

σερβιτόρος

شکاری

κυνηγός

پینٹر

ζωγράφος

بیکر

αρτοποιός

الیکٹریشین

ηλεκτρολόγος

بلڈر

οικοδόμος

انجینیئر

μηχανολόγος

قصائی

κρεοπώλης

پلمبر

υδραυλικός

ڈاکیا

ταχυδρόμος

سپاہی

στρατιώτης

آرکیٹیکٹ

αρχιτέκτονας

کیشنیر

ταμίας

پھول بیچنے والا

ανθοπώλης

نائی

κομμωτής

کنڈکٹر

ελεγκτής εισιτηρίων

مکینک

μηχανικός

کپتان

καπετάνιος

ڈینٹسٹ

οδοντίατρος

سائنسدان

επιστήμονας

یہودی عالم

ραβίνος

امام

ιμάμης

راہب

μοναχός

پادری

ιερέας

اوزار
εργαλεία

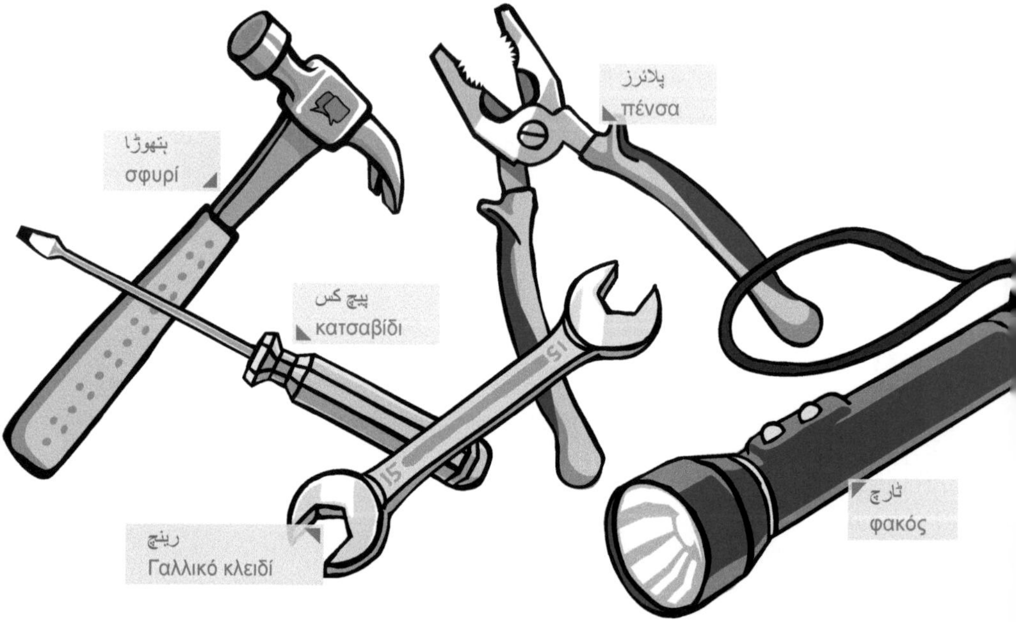
بتھوڑا
σφυρί
پلائرز
πένσα
پیچ کس
κατσαβίδι
رینچ
Γαλλικό κλειδί
ٹارچ
φακός

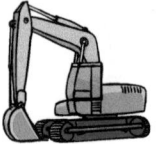

ایکسکویٹر
εκσκαφέας

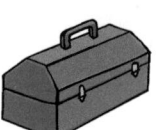

ٹول باکس
εργαλειοθήκη

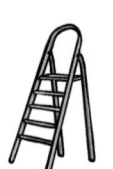

سیڑھی
σκάλα

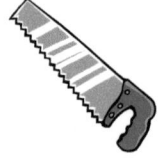

آری
πριόνι

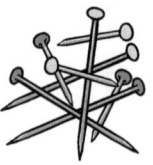

کیل
καρφιά

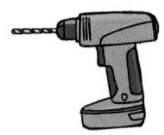

ڈرل
τρυπάνι

مرمت کرنا

επισκευάζω

بیلچہ

φτυάρι

لعنت ہو!

Να πάρει!

ڈسٹ پین

φαράσι

پینٹ پاٹ

δοχείο χρωμάτων

پیچ

βίδες

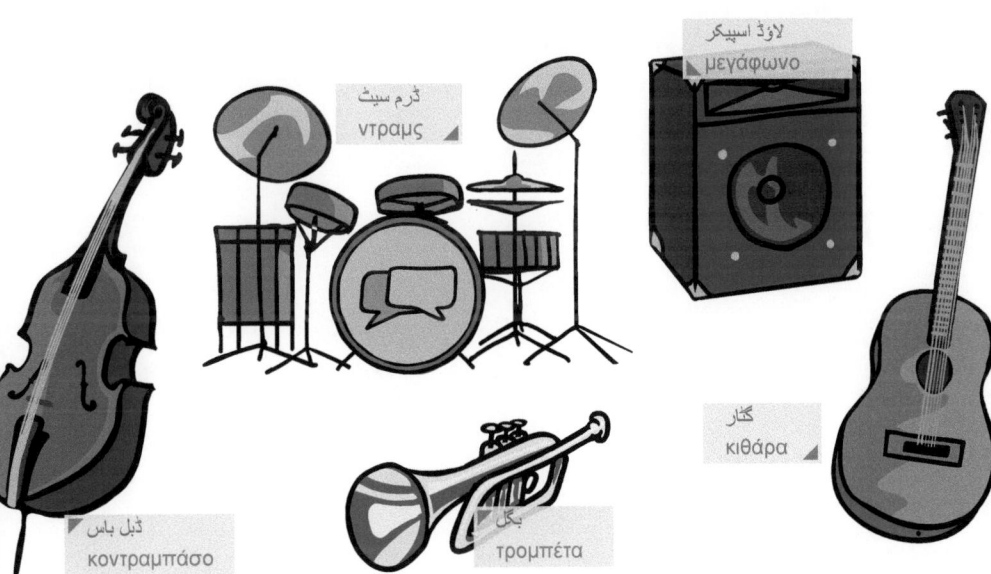

ڈرم سیٹ
ντραμς

لاؤڈ اسپیکر
μεγάφωνο

گٹار
κιθάρα

ڈبل باس
κοντραμπάσο

بگل
τρομπέτα

پیانو

πιάνο

وائلن

βιολί

موسیقی کی آواز

μπάσο

ٹمپانی

τύμπανα

ڈھول، ڈرمز

τύμπανο

کی بورڈ

πλήκτρα

سیکسوفون

σαξόφωνο

بانسری

φλάουτο

مائیکروفون

μικρόφωνο

چڑیا گھر

ζωολογικός κήπος

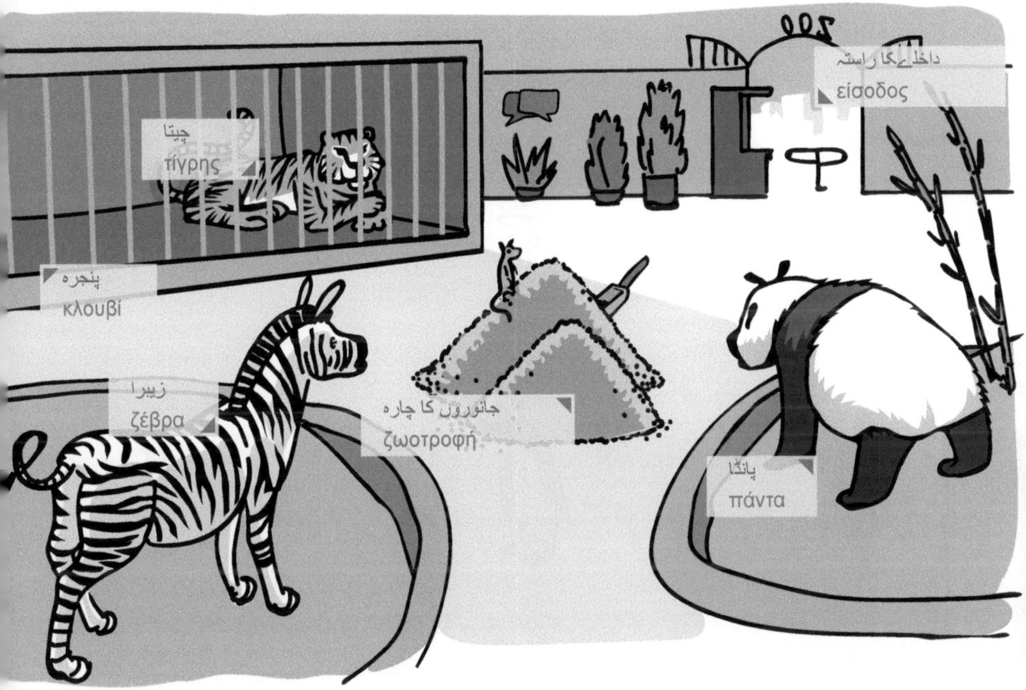

داخلے کا راستہ
είσοδος
چیتا
τίγρης
پنجرہ
κλουβί
زیبرا
ζέβρα
جانوروں کا چارہ
ζωοτροφή
پانڈا
πάντα

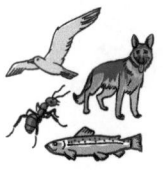

جانور

ζώα

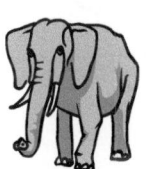

ہاتھی

ελέφαντας

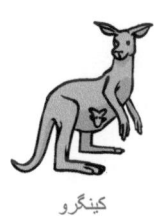

کینگرو

καγκουρό

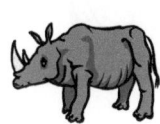

گینڈا

ρινόκερος

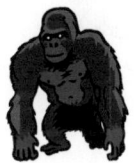

گوریلا

γορίλας

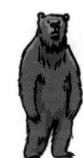

ریچھ

αρκούδα

اونٹ

καμήλα

شُتَرمُرغ

στρουθοκάμηλος

شیر

λιοντάρι

بندر

πίθηκος

فلیمنگو

φλαμίνγκο

طوطا

παπαγάλος

قطبی ریچھ

πολική αρκούδα

کبوتر

πιγκουίνος

شارک

καρχαρίας

مور

παγώνι

سانپ

φίδι

مگرمچھ

κροκόδειλος

چڑیا گھر کا محافظ

φύλακας ζωολογικού κήπου

سیل

φώκια

امریکی تیندوا

τζάγκουαρ

ٹٹو

πόνυ

چیتا

λεοπάρδαλη

دریائی گھوڑا

ιπποπόταμος

زرافہ

καμηλοπάρδαλη

عقاب

αετός

سؤر

αγριογούρουνο

مچھلی

ψάρι

کچھوا

χελώνα

سمندری گھوڑا

θαλάσσιος ίππος

لومڑی

αλεπού

غزال برن

γαζέλα

امريكن فٹ بال
Αμερικάνικο ποδόσφαιρο

سائیکلنگ
ποδηλασία

ٹینس
αντισφαίριση

باسکٹ بال
μπάσκετ

پیراکی
κολύμβηση

باکسنگ
πυγχαμία

آئس ہاکی
χόκεϋ επί πάγου

فٹ بال
ποδόσφαιρο

بیڈمنٹن
μπάντμιντον

اتھلیٹکس
στίβος

ہینڈ بال
χάντμπολ

اسکیننگ
σκι

پولو
πόλο

سرگرمیاں

δραστηριότητες

ہنسنا
γελάω
چھلانگ ل
δάω
گلے لگانا
αγκαλιάζω
چلنا
περπατάω
گانا
τραγουδάω
خواب دیکھنا
ονειρεύομαι
دُعا کرنا
προσεύχομαι
چُومنا
φιλάω

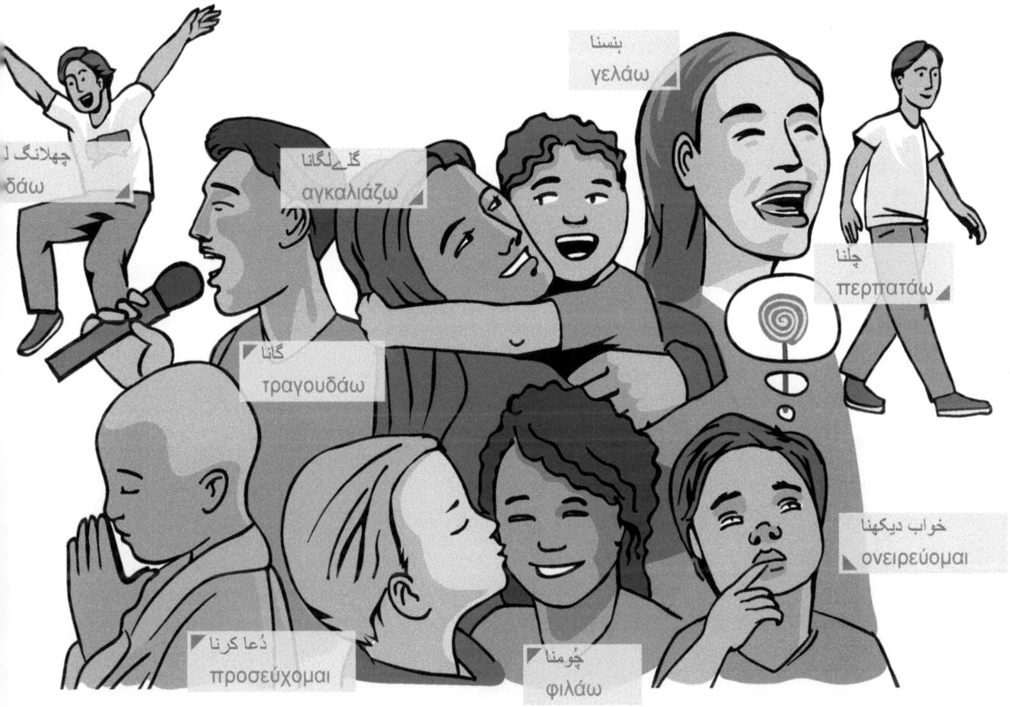

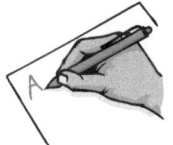

لکھنا

γράφω

تصویرکشی کرنا

σχεδιάζω

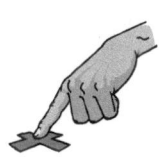

دکھانا

δείχνω

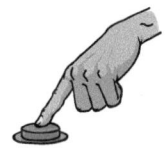

آگے کی طرف دھکیلنا

πιέζω

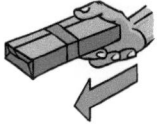

دینا

δίνω

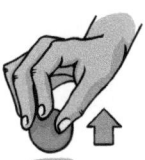

لینا

παίρνω

رکھنا

έχω

کرنا

κάνω

ہونا

είμαι

کھڑا ہونا

στέκομαι

دوڑنا

τρέχω

کھینچنا

τραβάω

پھینکنا

ρίχνω

گرنا

πέφτω

جھوٹ بولنا

ξαπλώνω

انتظار کرنا

περιμένω

اٹھانا

κουβαλώ

بیٹھنا

κάθομαι

ملبوس ہونا

φοράω

سونا

κοιμάμαι

جاگنا

ξυπνάω

دیکھنا

κοιτάω

رونا

κλαίω

چوٹ لگانا

χαϊδεύω

کنگھی کرنا

χτενίζω

بات کرنا

μιλάω

سمجھنا

καταλαβαίνω

پوچھنا

ρωτάω

مُتوجہ ہونا

ακούω

پینا

πίνω

کھانا

τρώω

صاف کرنا

συγυρίζω

پیارکرنا

αγαπάω

پکانا

μαγειρεύω

گاڑی چلانا

οδηγώ

اڑنا

πετάω

بحری سفر کرنا

κάνω ιστιοπλοΐα

شمار کریں

υπολογίζω

پڑھنا

διαβάζω

سیکھنا

μαθαίνω

کام کرنا

δουλεύω

شادی کرنا

παντρεύομαι

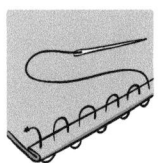

سینا

ράβω

دانت صاف کرنا

βουρτσίζω τα δόντια

جان سے مار دینا

σκοτώνω

تمباکو نوشی کرنا

καπνίζω

بھیجنا

στέλνω

خاندان

οικογένεια

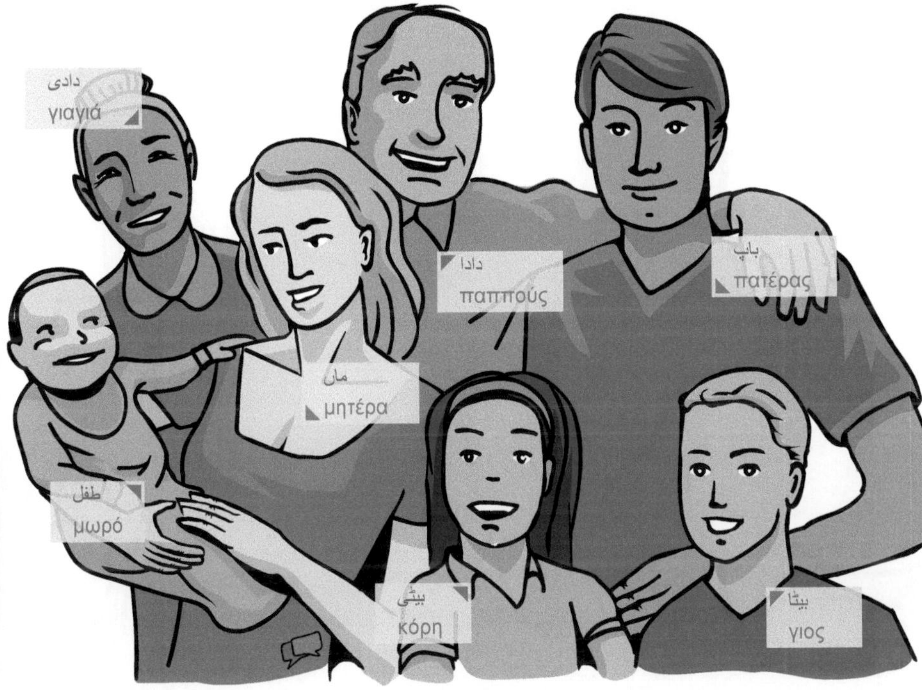
دادی
γιαγιά
دادا
παππούς
باپ
πατέρας
ماں
μητέρα
طفل
μωρό
بیٹی
κόρη
بیٹا
γιος

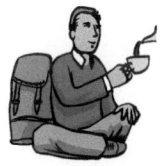

مہمان

καλεσμένος

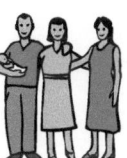

چچی

θεία

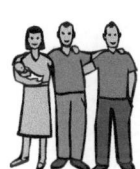

چچا

θείος

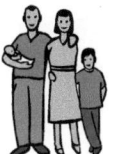

بھائی

αδελφός

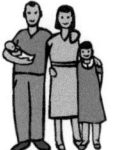

بہن

αδελφή

جسم

σώμα

ماتھا
μέτωπο
آنکھ
μάτι
کندھا
ώμος
انگلی
δάχτυλο
چہرہ
πρόσωπο
ٹھوڑی
πιγούνι
ہاتھ
χέρι
ٹانگ
πόδι
چھاتی
στήθος
بازو
βραχίονας

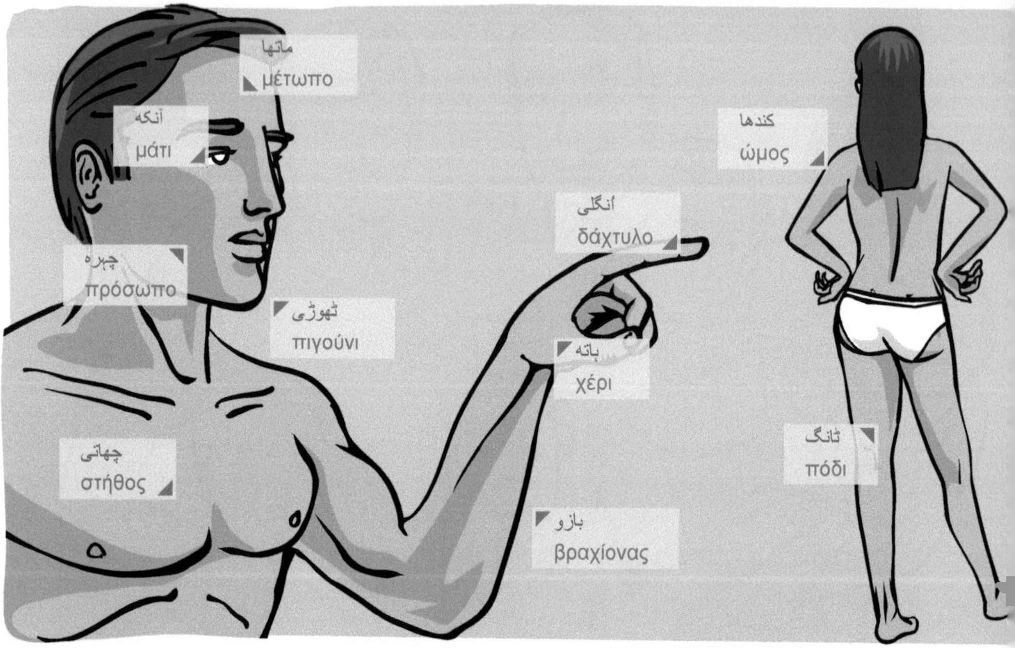

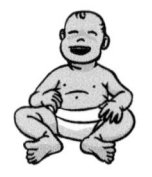

طفل

μωρό

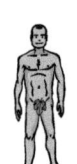

آدمی

άνδρας

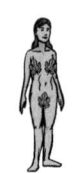

عورت

γυναίκα

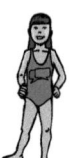

لڑکی

κορίτσι

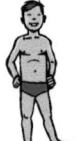

لڑکا

αγόρι

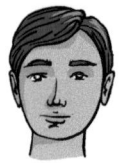

سر

κεφάλι

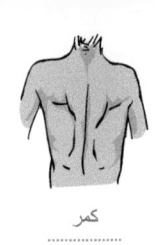

کمر

πλάτη

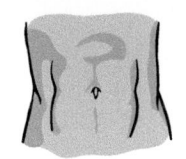

پیٹ

κοιλιά

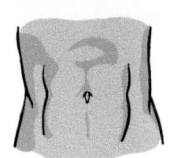

ناف

αφαλός

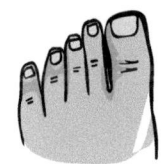

پاؤں کا انگوٹھا

δάχτυλο ποδιού

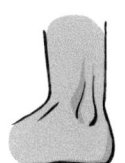

ایڑھی

φτέρνα

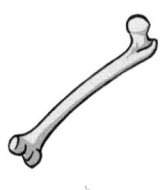

ہڈی

κόκκαλο

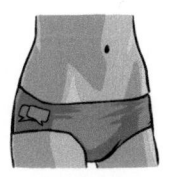

کولہا

γοφός

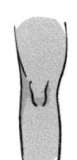

گھٹنا

γόνατο

کہنی

αγκώνας

ناک

μύτη

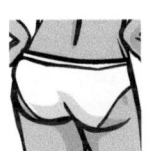

نچلا حصہ

γλουτός

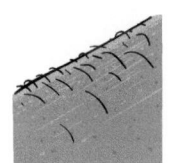

جلد

δέρμα

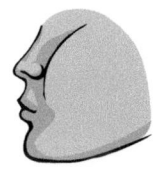

گال

μάγουλο

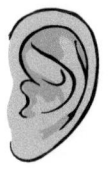

کان

αυτί

بونٹ

χείλος

جسم - σώμα

مُنہ
στόμα

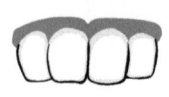

دانت
δόντι

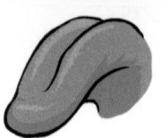

زُبان
γλώσσα

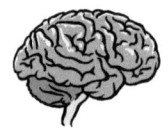

دماغ
εγκέφαλος

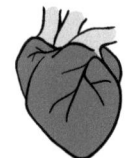

دل
καρδιά

پَٹھہ
μυς

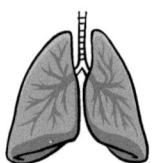

پھیپھڑا
πνεύμονας

جگر
συκώτι

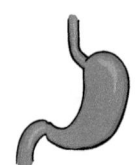

معدہ
στομάχι

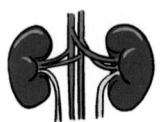

گردے
νεφρά

جنس
σεξουαλική επαφή

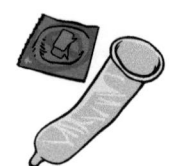

کنڈوم
προφυλακτικό

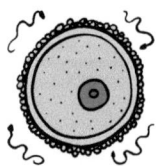

بیضہ
ωάριο

مادہ منویہ
σπέρμα

حمل
εγκυμοσύνη

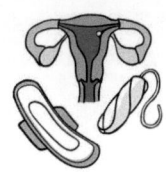

حيض
....
περίοδος

اندام نهانى
....
γυναικείος κόλπος

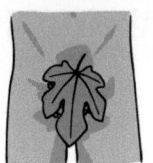

عضو تناسل
....
πέος

بهنویس
....
φρύδι

بال
....
μαλλιά

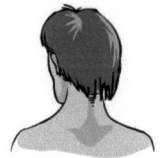

گردن
....
λαιμός

ہسپتال

νοσοκομείο

ہسپتال
νοσοκομείο
ایمبولینس
ασθενοφόρο
وہیل چیئر
αναπηρικό καροτσάκι
ہڈی ٹوٹنا
κάταγμα

ڈاکٹر

γιατρός

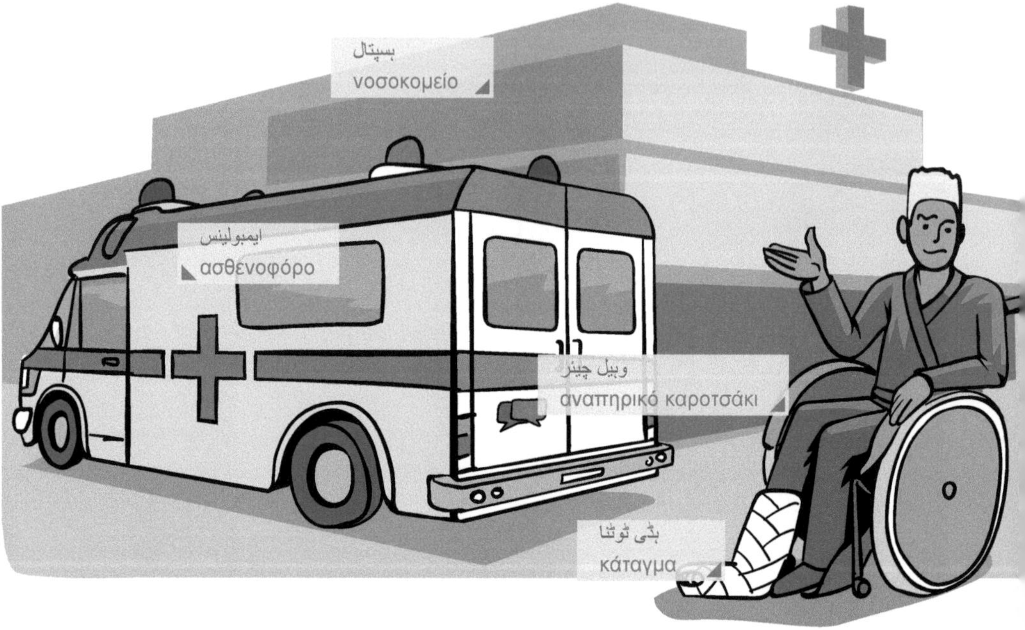

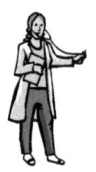

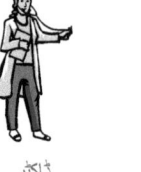

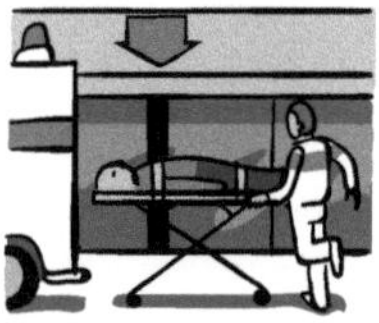

ہنگامی کمرہ

μονάδα εντατικής θεραπείας

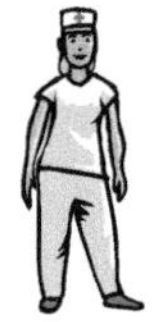

نرس

νοσοκόμα

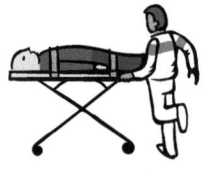

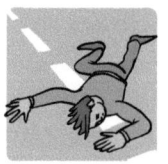

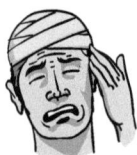

ہنگامی صورتحال

έκτακτη ανάγκη

بےہوش

λιπόθυμος

درد

πόνος

زخم

τραύμα

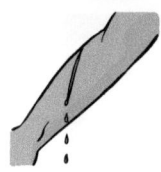

خون بہنا

αιμορραγία

دل کا دورہ

έμφραγμα

فالج

εγκεφαλικό

الرجی

αλλεργία

کھانسی

βήχας

بخار

πυρετός

زکام

γρίπη

اسہال

διάρροια

سردرد

πονοκέφαλος

کینسر

καρκίνος

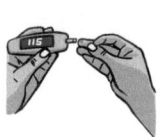

ذیابیطس

διαβήτης

سرجن

χειρουργός

نشتر

νυστέρι

آپریشن

εγχείρηση

سی ٹی

αξονική τομογραφία

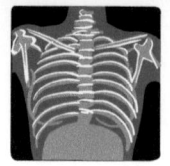

ایکس رے

ακτινογραφία

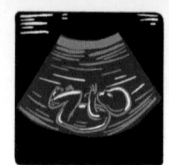

الٹراساؤنڈ

υπέρηχος

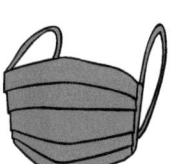

چہرے کا نقاب

μάσκα

بیماری

ασθένεια

انتظارگاہ

αίθουσα αναμονής

بیساکھی

πατερίτσα

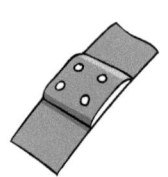

پلاسٹر

χάνσαπλαστ

پٹی

επίδεσμος

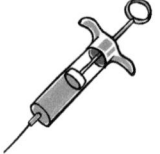

انجکشن

ένεση

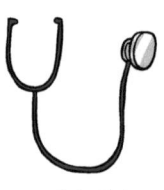

اسٹیتھواسکوپ

στηθοσκόπιο

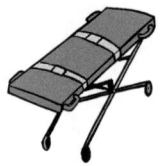

اسٹریچر

φορείο

مطبی تھرما میٹر

θερμόμετρο

پیدائش

γέννηση

حد سے زیادہ وزن

υπέρβαρο

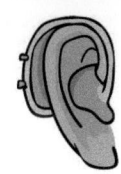

آلہ سماعت

ακουστικό βαρηκοΐας

جراثیم کش

αντισηπτικό

انفیکشن

λοίμωξη

وائرس

ιός

ایچ آئی وی/ ایڈز

HIV/AIDS

دوا

φάρμακο

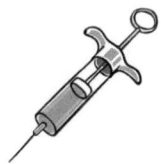

ویکسی نیشن

εμβολιασμός

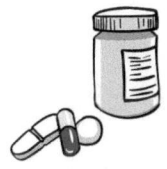

گولیاں

δισκία

گولی

χάπι

بنگامی کال

κλήση έκτακτης ανάγκης

بلڈ پریشرمانیٹر

πιεσόμετρο αίματος

بیمار / صحتمند

άρρωστος / υγιής

مدد!

Βοήθεια!

الارم

συναγερμός

مُجرمانہ حملہ

βιαιοπραγία

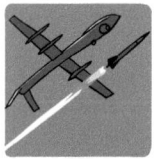

حملہ

επίθεση

خطرہ

κίνδυνος

بنگامی راستہ

έξοδος κινδύνου

آگ!

Φωτιά!

آگ بُجھانے والہ آلہ

πυροσβεστήρας

حادثہ

ατύχημα

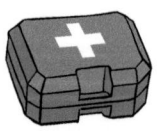

ابتدائی طبی امداد کی کٹ

κουτί πρώτων βοηθειών

ایس اوایس

SOS

پولیس

αστυνομία

یورپ

Ευρώπη

شمالی امریکہ

Βόρεια Αμερική

جنوبی امریکہ

Νότια Αμερική

افریقہ

Αφρική

ایشیا

Ασία

آسٹریلیا

Αυστραλία

بحر اوقیانوس

Ατλαντικός Ωκεανός

بحر الکابل

Ειρηνικός Ωκεανός

بحر ہند

Ινδικός Ωκεανός

بحر قطب جنوبی

Ανταρκτικός Ωκεανός

بحر قطب شمالی

Αρκτικός Ωκεανός

قطب شمالی

Βόρειος Πόλος

قُطب جنوبی

Νότιος Πόλος

انٹارکٹیکا

Ανταρκτική

زمین

Γη

زمین

γη

سمندر

θάλασσα

جزیرہ

νησί

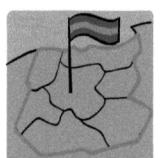

قوم

έθνος

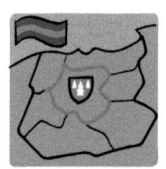

ریاست

πολιτεία

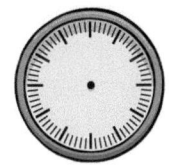

کلاک کا سامنے کا حصہ

καντράν ρολογιού

گھنٹوں والی سوئی

ωροδείκτης

منٹوں والی سوئی

λεπτοδείκτης

سیکنڈ ہینڈ

δείκτης δευτερολέπτων

کیا وقت ہوا ہے؟

Τι ώρα είναι;

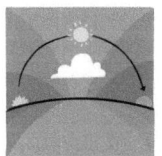

دن

ημέρα

وقت

χρόνος

اب

τώρα

ڈیجیٹل گھڑی

ψηφιακό ρολόι

منٹ

λεπτό

گھنٹہ

ώρα

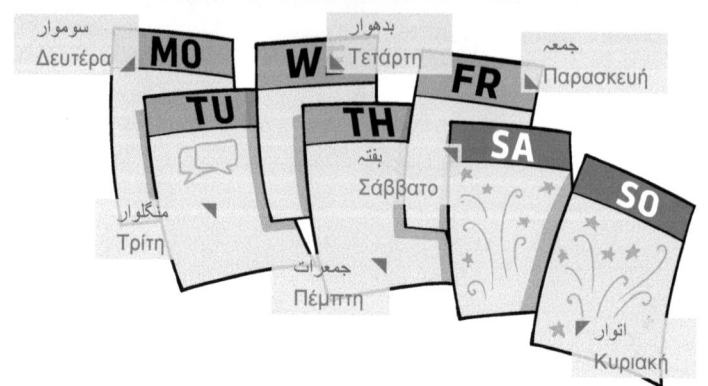

گزرا کل

χθες

آج

σήμερα

کل

αύριο

صبح

πρωί

دوپہر

μεσημέρι

شام

βράδυ

MO	TU	WE	TH	FR	SA	SU
1	2	3	4	5	6	7
8	9	10	11	12	13	14
15	16	17	18	19	20	21
22	23	24	25	26	27	28
29	30	31	1	2	3	4

کاروباری دن

εργάσιμες ημέρες

MO	TU	WE	TH	FR	SA	SU
1	2	3	4	5	6	7
8	9	10	11	12	13	14
15	16	17	18	19	20	21
22	23	24	25	26	27	28
29	30	31	1	2	3	4

ہفتے کا اختتام

Σαββατοκύριακο

سال

έτος

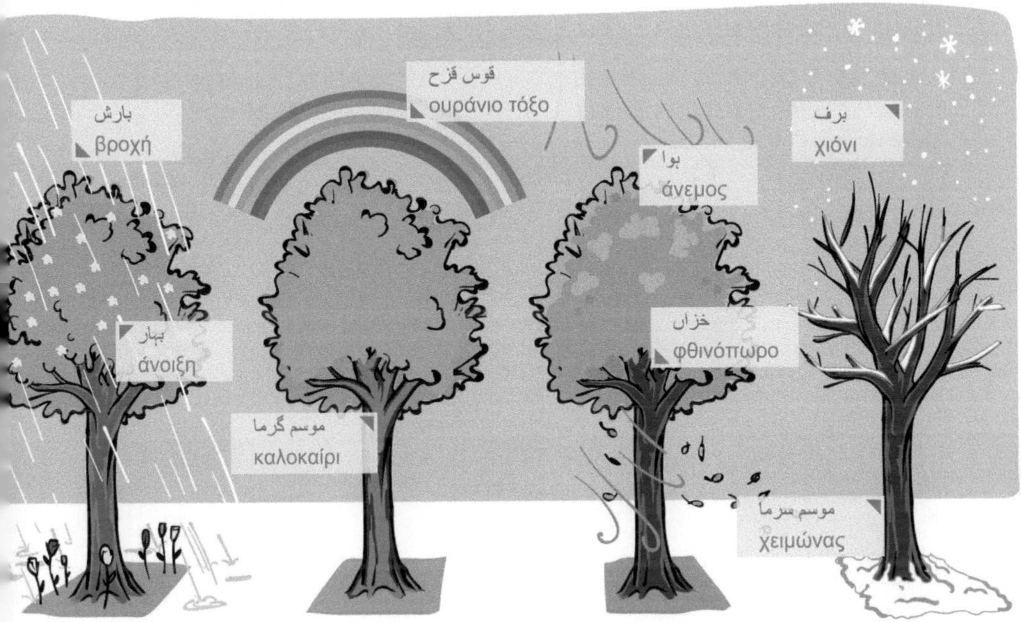

بارش
βροχή
قوس قزح
ουράνιο τόξο
برف
χιόνι
ہوا
άνεμος
بہار
άνοιξη
خزاں
φθινόπωρο
موسم گرما
καλοκαίρι
موسم سرما
χειμώνας

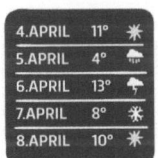

4.APRIL 11°
5.APRIL 4°
6.APRIL 13°
7.APRIL 8°
8.APRIL 10°

موسمی پیش گوئی

πρόγνωση καιρού

F C
120 40
90 30
60 20
30 10
0 0
-30 -10
-20

تھرما میٹر

θερμόμετρο

دھوپ

λιακάδα

بادل

σύννεφο

دُھند

ομίχλη

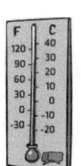

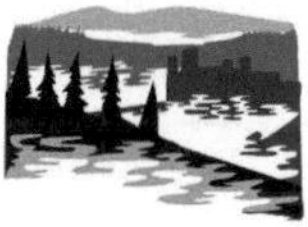

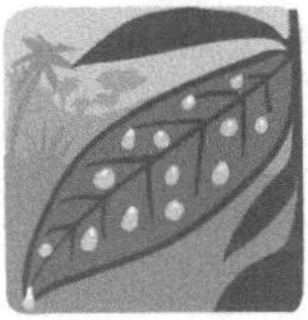

حبس

υγρασία

بجلی کوندهنا

αστραπή

بادلوں کی گرج

κεραυνός

طوفان

καταιγίδα

ژالہ باری

χαλάζι

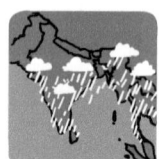

مون سون

μουσώνας

سیلاب

πλημμύρα

برف

πάγος

جنوری

Ιανουάριος

فروری

Φεβρουάριος

مارچ

Μάρτιος

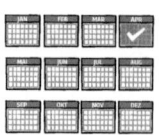

اپریل

Απρίλιος

مئی

Μάιος

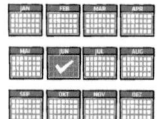

جون

Ιούνιος

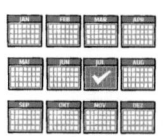

جولائی

Ιούλιος

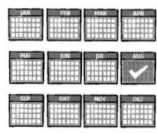

اگست

Αύγουστος

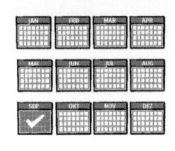

ستمبر
....
Σεπτέμβριος

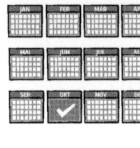

اكتوبر
....
Οκτώβριος

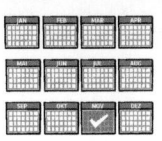

نومبر
....
Νοέμβριος

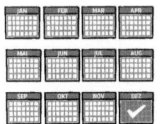

دسمبر
....
Δεκέμβριος

دائره
....
κύκλος

چوکور
....
τετράγωνο

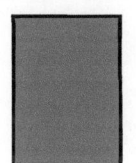

مُستطيل
....
ορθογώνιο
παραλληλόγραμμο

تکون
....
τρίγωνο

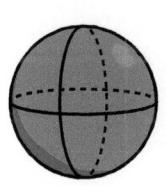

گره
....
σφαίρα

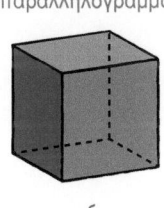

مكعب
....
κύβος

سفید

άσπρο

پیلا

κίτρινο

نارنجی

πορτοκαλί

گلابی

ροζ

سُرخ

κόκκινο

جامنی

μωβ

نیلا

μπλε

سبز

πράσινο

بھورا

καφέ

میٹیالا

γκρι

سیاہ

μαύρο

بہت زیادہ / بہت کم

πολύ / λίγο

ناراض / پُرسکون

θυμωμένος / ήρεμος

خوبصورت / بدصورت

όμορφος / άσχημος

آغاز / اختتام

αρχή / τέλος

بڑا / چھوٹا

μεγάλος / μικρός

روشن / اندھیرا

φωτεινός / σκοτεινός

بھائی / بہن

αδελφός / αδελφή

صاف / گندا

καθαρός / λερωμένος

مکمل / نامکمل

πλήρης / ατελής

دن / رات

ημέρα / νύχτα

زندہ / مُردہ

νεκρός / ζωντανός

چوڑا / تنگ

φαρδύς / στενός

کھانے کے قابل ہونا / کھانے کے کے قابل نہ ہونا

βρώσιμος / μη βρώσιμος

بُرا / اچھا

κακός / ευγενικός

پُرجوش / بوریت کا شکار

ενθουσιασμένος / βαριεστημένος

موٹا / دُبلا

παχύς / λεπτός

پہلا / آخری

πρώτος / τελευταίος

دوست / دُشمن

φίλος / εχθρός

بھرا ہوا / خالی

γεμάτος / άδειος

سخت / نرم

σκληρός / μαλακός

بوجھل / ہلکا

βαρύς / ελαφρύς

بھوک / پیاس

πείνα / δίψα

بیمار / صحتمند

άρρωστος / υγιής

غیرقانونی / قانونی

παράνομος / νόμιμος

عقلمند / بیوقوف

έξυπνος / χαζός

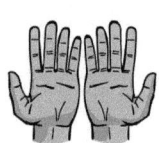

بائیں / دائیں

αριστερός / δεξιός

نزدیک / دور

κοντινός / μακρινός

نیا / پُرانا

καινούριος / μεταχειρισμένος

کچھ نہیں / کچھ ہے

τίποτα / κάτι

بوڑھا / نوجوان

γέρος | νέος

آن / آف

αναμμένος / σβηστός

کُھلا / بند

ανοιχτός / κλειστός

خاموش / بُلند آواز

χαμηλόφωνος / μεγαλόφωνος

امیر / غریب

πλούσιος / φτωχός

ٹھیک / غلط

σωστός / λανθασμένος

کھُردرا / ہموار

τραχύς / λείος

افسردہ / خوش

λυπημένος / χαρούμενος

مُختصر / طویل

κοντός / μακρύς

آہستہ / تیز

αργός / γρήγορος

گیلا / خُشک

υγρός / στεγνός

گرم / ٹھنڈا

ζεστός / δροσερός

جنگ / امن

πόλεμος / ειρήνη

اعداد

αριθμοί

0
صفر
μηδέν

1
ایک
ένα

2
دو
δύο

3
تین
τρία

4
چار
τέσσερα

5
پانچ
πέντε

6
چھ
έξι

7
سات
εφτά

8
آٹھ
οκτώ

9
نو
εννιά

10
دس
δέκα

11
گیارہ
έντεκα

12

باره

δώδεκα

13

تیره

δεκατρία

14

چوده

δεκατέσσερα

15

پندره

δεκαπέντε

16

سوله

δεκαέξι

17

ستّره

δεκαεφτά

18

اٹهاره

δεκαοκτώ

19

أنیس

δεκαεννέα

20

بیس

είκοσι

100

سو

εκατό

1.000

بزار

χίλια

1.000.000

دس لاکه

εκατομμύριο

انگریزی

Αγγλικά

امریکی انگریزی

Αμερικάνικα Αγγλικά

چینی مینڈارین

Μανδαρίνικα Κινέζικα

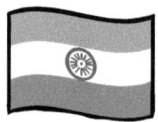

ہندی

Χίντι

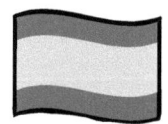

ہسپانوی

Ισπανικά

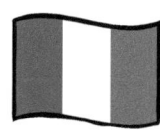

فرانسیسی

Γαλλικά

عربی

Αραβικά

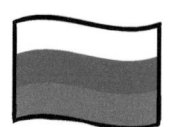

روسی

Ρώσικα

پُرتگالی

Πορτογαλικά

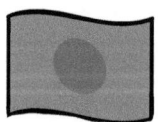

بنگالی

Μπενγκάλι

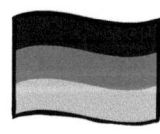

جرمن

Γερμανικά

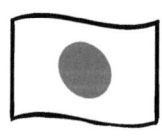

جاپانی

Ιαπωνικά

میں

εγώ

تم

εσύ

♂ ♀ ⚲

وہ (لڑکا) / وہ (لڑکی) / یہ

αυτός / αυτή / αυτό

ہم

εμείς

تم

εσείς

وہ

αυτοί / αυτές / αυτά

کون؟

ποιος / ποια / ποιο;

کیا؟

τι;

کیسے؟

πώς;

کہاں؟

πού;

کب؟

πότε;

HELLO, I AM

نام

όνομα

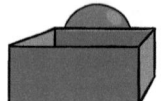

پیچھے

πίσω

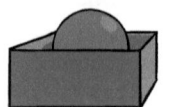

میں

μέσα

کے سامنے

μπροστά

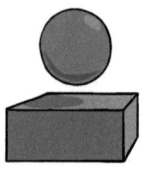

اوپر

πάνω από

پر

πάνω

نیچے

κάτω

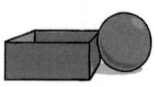

ساتھ

δίπλα

درمیان

ανάμεσα

جگہ

μέρος